国家社会科学基金（教育学）重大项目（VDA200004）阶段性研究成果
北京外国语大学"双一流"建设标志性项目（BW202018）阶段性研究成果

"一带一路"国家文化教育大系　　　　　总主编　王定华

利比里亚
文化教育研究

The Republic of Liberia
Culture and Education

付吉军　著

外语教学与研究出版社
FOREIGN LANGUAGE TEACHING AND RESEARCH PRESS
北京 BEIJING

图书在版编目 (CIP) 数据

利比里亚文化教育研究 / 付吉军著. —— 北京：外语教学与研究出版社，2023.7
(2023.10 重印)
（"一带一路"国家文化教育大系 / 王定华总主编）
ISBN 978-7-5213-4702-9

I. ①利… II. ①付… III. ①教育研究－利比里亚 IV. ①G544.7

中国国家版本馆 CIP 数据核字 (2023) 第 135197 号

出 版 人　王　芳
项目负责　孙凤兰　巢小倩
责任编辑　华宝宁
责任校对　孙凤兰
封面设计　李　高　锋尚设计
版式设计　李　高
出版发行　外语教学与研究出版社
社　　址　北京市西三环北路 19 号（100089）
网　　址　https://www.fltrp.com
印　　刷　北京盛通印刷股份有限公司
开　　本　787×1092　1/16
印　　张　16.5　彩插 1 印张
版　　次　2023 年 7 月第 1 版 2023 年 10 月第 2 次印刷
书　　号　ISBN 978-7-5213-4702-9
定　　价　138.00 元

如有图书采购需求，图书内容或印刷装订等问题，侵权、盗版书籍等线索，请拨打以下电话或关注官方服务号：
客服电话：400 898 7008
官方服务号：微信搜索并关注公众号"外研社官方服务号"
外研社购书网址：https://fltrp.tmall.com

物料号：347020001

蒙特塞拉多州的海滨风光

利比里亚旱季海滨风光

蒙罗维亚自由港鸟瞰

利比里亚铁矿石码头

圣保罗河大桥

肯德加传统艺术中心海滨酒店

利比里亚共和国成立172周年庆典活动

邦州一所幼儿园的孩子在玩拼图

利比里亚小学生集体活动场景

邦州一所中学的足球场

利比里亚的一所中小学校舍

利比里亚一初中乐队在排练

利比里亚大学芬德尔校区建筑群鸟瞰

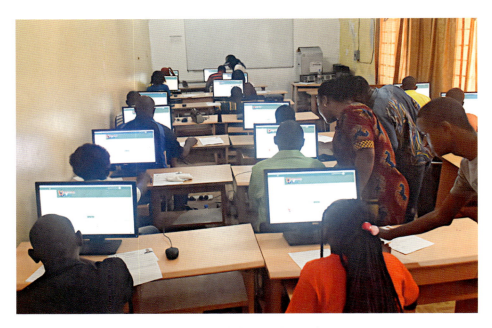

利比里亚大学的计算机课堂

威廉·杜伯曼大学2019毕业典礼的学位证书颁发仪式

职业教育教师培训项目授课场景

联合国工业发展组织举办的职业教育培训活动

中国优惠贷款援建的利比里亚罗伯茨国际机场航站楼

利比里亚赴华留学人员送行招待会暨中国大使奖学金发放仪式

利比里亚大学孔子学院师生参加演出

出版说明

2013 年 9 月 7 日，国家主席习近平提出共建"丝绸之路经济带"重大倡议。2013 年 10 月 3 日，习近平主席提出共建"21 世纪海上丝绸之路"重大倡议。两者合称"一带一路"倡议。以 2013 年金秋为起点，"一带一路"倡议作为构建人类命运共同体的伟大设想，在开拓和平、繁荣、开放、绿色、创新、文明之路的非凡征程中，孕育生机和活力，汇聚信心和期待，在世界范围内广受欢迎和响应。

文化交流、文明互鉴是构建人类命运共同体的人文基础。文化发展，教育先行。作为"共和国外交官的摇篮"、文化教育的主动践行者、"一带一路"倡议的踊跃响应者和构建人类命运共同体的积极参与者，北京外国语大学在党委书记王定华教授的带领下，放眼世界，找准坐标，勇于担当，主动作为，深耕文化教育相关领域，研究、策划并组织编写了"一带一路"国家文化教育大系（以下简称大系）。国内相关高校和研究机构的众多专家学者献计献策，踊跃参加，形成了一个范围广泛、交流互动、共同进步的"一带一路"国家文化教育学术研究共同体。大系旨在填补国内相关研究领域的学术空白，实现"一带一路"国家教育研究全覆盖，为中国教育"走出去"和相关国家先进教育理念"请进来"提供科学理论和实践指导，具有重要的学术价值。同时，大系服务国家重大战略，通过分期分批出版，形成规模和品牌，向中国共产党建党一百周年和"一带一路"倡议提出十周年献礼，具有深远的意义。

作为国家社会科学基金（教育学）重大项目"新时代提升中国参与全球教育治理的能力及策略研究"、北京外国语大学"双一流"建设标志性项目"'一带一路'国家文化教育研究"的课题研究成果和北京外国语大学党委的"奋进之举"，大系秉承学术性与可读性兼顾的原则，对"一带一路"国家文化教育理论与实践问题展开深入研究，从国情概览、文化传统、教育历史、学前教育、基础教育、高等教育、职业教育、成人教育、教师教育、教育政策、教育行政、教育交流等方面，全景擘画"一带一路"国家的教育风貌，帮助读者了解"一带一路"国家教育的历史与现状、经验与特点，为我国教育的发展和对外交流合作提供有益的借鉴、思考与启迪。

肆虐全球的新冠肺炎疫情严重影响了各国人民的生产生活，带来了二战以来人类面临的最严重的全球性危机，同时也再次阐述了人类命运共同体深刻内涵的世界性意义。在疫情防控常态化背景下，大系所有专家学者不畏困难，齐心协力，直面挑战，守望相助，化危为机，切实履行了响应和支持"一带一路"倡议的承诺。在此，特别感谢大系总策划、总主编王定华教授，以及所有顾问、编委和作者的心血倾注、智慧贡献和努力付出。

外语教学与研究出版社对大系的编写和出版工作给予了高度重视。自2019年项目启动以来，外研社抽调精锐力量成立大系工作组，多次组织相关部门和人员召开选题论证会，商建编委会，召开全体作者大会，制订周密、科学的出版计划，以保证项目的顺利开展和图书的优质出版。目前，大系的出版工作已取得阶段性成果，预计在2023年"一带一路"倡议提出十周年前后，将分期分批推出数量和规模可观的、具有相当科研价值和学术价值的系列专著。期望大系的编写和出版能为"一带一路"建设、中外教育交流及我国文化教育发展发挥基础性、服务性、广远性的作用。

外语教学与研究出版社
2021 年 4 月

总　序

王定华

改革开放以来，中国各项事业取得了巨大成就。中国经济和世界经济高度关联，中国一以贯之地坚持对外开放的基本国策，构建全方位开放新格局，深度融入世界经济体系。2013 年 9 月和 10 月，习近平主席在出访中亚和东南亚国家期间，先后提出共建"丝绸之路经济带"和"21 世纪海上丝绸之路"的重大倡议（以下简称"一带一路"倡议），得到国际社会的高度关注。其中，"丝绸之路经济带"东边牵着亚太经济圈，西边系着发达的欧洲经济圈，是世界上最长、最具发展潜力的经济大走廊；"21 世纪海上丝绸之路"串起连通东盟、南亚、西亚、北非、欧洲等各大经济板块的市场链，发展面向南海、太平洋和印度洋的战略合作经济带，以亚欧非经济贸易一体化为发展的长期目标。

一、精准把握"一带一路"倡议的时代意蕴

"经济带"概念是对地区经济合作模式的创新。其中经济走廊涵盖中蒙

俄经济走廊、新亚欧大陆桥、中国–中亚–西亚经济走廊、孟中印缅经济走廊、中国–中南半岛经济走廊等，以经济增长极辐射周边，超越了传统发展经济学理论。"丝绸之路经济带"概念不同于历史上所出现的各类"经济区"与"经济联盟"，同后两者相比，经济带具有灵活性高、适用性广以及可操作性强的特点，各国都是平等的参与者，本着自愿参与、协同推进的原则，发扬古丝绸之路兼容并包的精神。

"一带一路"倡议是我国在新时代推进全方位对外开放的重要举措，为当今世界提供了一个充满东方智慧、实现共同发展的中国方案，也是对历史文化传统的高度尊重，凝聚了世界各国利益的最大公约数。丝绸之路是起始于古代中国，连接亚洲、非洲和欧洲的古代陆上商业贸易路线，最初的作用是运输古代中国出产的丝绸、瓷器等商品，后来成为东方与西方之间在经济、政治、文化等方面进行交流的主要通道。1877 年，德国地质、地理学家李希霍芬（F. P. W. Richthofen）在其著作《中国》一书中，把公元前 114 年至公元 127 年，中国与中亚、中国与印度间以丝绸贸易为媒介的这条西域交通道路命名为"丝绸之路"，这一名词很快为学术界和大众所接受，并正式运用。其后，德国历史学家赫尔曼（A. Herrmann）在 20 世纪初出版的《中国与叙利亚之间的古代丝绸之路》一书中，根据新发现的文物考古资料，进一步把丝绸之路延伸到地中海西岸和小亚细亚，并确定了丝绸之路的基本内涵，即它是中国古代与中亚、南亚、西亚以及欧洲、北非的陆上贸易交往通道。进入 21 世纪，海上丝绸之路也被纳入丝绸之路的涵盖范围，即从中国沿海港口过南海到印度洋并延伸至欧洲，从中国沿海港口过南海到南太平洋。随着时代的发展，"丝绸之路"成为古代中国与西方所有政治经济文化往来通道的统称。

推进"一带一路"建设既是中国扩大和深化对外开放的需要，也是加强和世界各国互利合作的需要，中国愿意承担更多责任和义务，为人类和平发展做出更大的贡献。文明交流互鉴是构建人类命运共同体的重要途径，是推动人类文明共同进步、实现世界和平发展的重要动力。共建"一带一路"要顺应世界多极化、经济全球化、文化多样化、社会信息化的潮流，秉持开放的区域合作精神，致力于推动"一带一路"各国实现经济政策协调，开展更大范围、更高水平、更深层次的区域合作，共同打造开放、包容、均衡、普惠的区域经济合作架构，维护全球自由贸易体系和开放型世界经济格局。

"一带一路"贯穿亚欧非大陆，一头是活跃的东亚经济圈，一头是发达的欧洲经济圈，中间广大腹地国家经济发展潜力巨大。根据"一带一路"走向，陆上依托国际大通道，以中心城市为支撑，以重点经贸产业园区为合作平台，共同打造新亚欧大陆桥以及中蒙俄、中国-中亚-西亚、中国-中南半岛等国际经济合作走廊；海上以重点港口为基点，共同建设通畅安全高效的运输大通道。

"一带一路"建设是有关国家开放合作的宏大经济愿景，需要各国携手努力，朝着互利互惠、共同安全的目标相向而行：努力实现区域基础设施更加完善，安全高效的陆海空通道网络基本形成，互联互通达到新水平；投资贸易便利化水平进一步提升，高标准自由贸易区网络基本形成，经济联系更加紧密，政治互信更加深入；人文交流更加广泛深入，不同文明互鉴共荣，各国人民相知相交、和平友好。

"一带一路"倡议是具有开放性和包容性的友好建议。当今世界是一个开放的世界，开放带来进步，封闭导致落后。中国认为，只有开放才能发现机遇、抓住并用好机遇、主动创造机遇，才能实现国家的奋斗目标。"一带一路"倡议就是要把世界的机遇转变为中国的机遇，把中国的机遇转变为世界的机遇。正是基于这种认知与愿景，"一带一路"倡议以开放为导向，冀望通过加强交通、能源和网络等基础设施的互联互通建设，促进经济要素有序自由流动、资源高效配置和市场深度融合，开展更大范围、更高水平、更深层次的区域合作，打造开放、包容、均衡、普惠的区域经济合作架构，以此来解决经济增长和平衡问题。"一带一路"倡议的开放包容性是区别于其他区域性经济倡议的一个突出特点。

"一带一路"倡议是超越地缘政治的务实合作的广阔平台。"和平合作、开放包容、互学互鉴、互利共赢"的丝路精神是人类共有的历史财富，"一带一路"倡议就是秉承这一精神与原则提出的新时代重要倡议，通过加强相关国家间的全方位多层面交流合作，充分发掘与发挥各国的发展潜力与比较优势，形成互利共赢的区域利益共同体、命运共同体和责任共同体。在这一机制中，各国是平等的参与者、贡献者、受益者。因此，"一带一路"倡议从一开始就具有平等性、和平性特征。平等是中国坚持的重要国际准则，也是"一带一路"建设的关键基础。只有建立在平等基础上的合作才能是持久的合作，也才会是互利的合作。"一带一路"倡议平等包容的合作特征为其推进减轻了阻力，提升了共建效率，有助于国际合作真正"落地生根"。同时，"一带一路"建设离不开和平安宁的国际环境和地区环境，和平是"一带一路"建设的本质属性，也是保障其顺利推进所不可或缺的重要因素。这些就决定了"一带一路"倡议不应该也不可能沦为大国政治较量的工具，更不会重复地缘博弈的老路。

"一带一路"倡议是政府、企业、团体共同发力的项目载体。"一带一路"建设是在双边或多边联动基础上通过具体项目加以推进的，是在进行充分政策沟通、战略对接以及市场运作后形成的发展倡议与规划。2017年5月发布的《"一带一路"国际合作高峰论坛圆桌峰会联合公报》强调了建设"一带一路"的合作原则，其中就包括市场运作原则，即充分认识市场作用和企业主体地位，确保政府发挥适当作用，政府采购程序应开放、透明、非歧视。可见，"一带一路"建设的核心主体与支撑力量并不是政府，而是企业，根本方法是遵循市场规律，并通过市场化运作模式来实现参与各方的利益诉求，政府在其中发挥构建平台、创立机制、政策引导等指向性、服务性功能。

"一带一路"倡议是与现有相关机制对接互补的有益渠道。参与"一带一路"建设的国家要素禀赋各异，比较优势差异明显，互补性很强。有的国家能源资源富集但开发力度不够，有的国家劳动力充裕但就业岗位不足，有的国家市场空间广阔但产业基础薄弱，有的国家基础设施建设需求旺盛但资金紧缺。我国目前经济总量居全球第二，外汇储备居全球第一，优势产业越来越多，基础设施建设经验丰富，装备制造能力强、质量好、性价比高，具备资金、技术、人才、管理等综合优势。这就为我国与其他"一带一路"建设参与方实现产业对接与优势互补提供了现实可能与重大机遇。因而，"一带一路"倡议的核心内容就是要加强基础设施建设和促进互联互通，对接各国政策和发展战略，以便深化务实合作，促进协调联动发展，实现共同繁荣。由此可见，"一带一路"倡议不是对现有地区合作机制的替代，而是与现有机制互为助力、相互补充。实际上，"一带一路"建设已经与俄罗斯主导的欧亚经济联盟、印尼全球海洋支点发展规划、哈萨克斯坦光明之路经济发展战略、蒙古国草原之路倡议、欧盟欧洲投资计划、埃及苏伊士运河走廊开发计划等实现了对接与合作，并形成了一批标志性项目，如中哈（连云港）物流合作基地。作为新亚欧大陆桥经济走廊建设成果之一，中哈（连云港）物流合作基地初步实现了深水大港、远洋干线、中欧班列、物流场站的无缝对接。该项目与哈萨克斯坦光明之路经济发展战略高度契合。

"一带一路"倡议是促进人文交流的沟通桥梁。"一带一路"倡议跨越不同区域、不同文化、不同宗教信仰，但它带来的不是文明冲突，而是各文明间的交流互鉴。"一带一路"倡议在推进基础设施建设、加强产能合作与发展战略对接的同时，也将"民心相通"作为工作重心之一。民心相通是"一带一路"建设的社会根基。民心相通就是要传承和弘扬丝绸之路友好合作精神，广泛进行文化交流、学术交流、人才交流往来、媒体合作、青年和妇女交往、志愿者服务等，为深化双边和多边合作奠定坚实的民意基础。一是扩大相互间留学生规模，开展合作办学；国家间互办文化年、艺术节、电影节、电视周和图书展等活动，深化国家间人才交流合作。二是加强旅游合作，扩大旅游规模，联合打造具有丝绸之路特色的国际精品旅游线路和旅游产品。三是强化与周边国家在传染病疫情信息沟通、防治技术交流、专业人才培养等方面的合作，提高合作处理突发公共卫生事件的能力。四是加强科技合作，共建联合实验室（研究中心）、国际技术转移中心、海上合作中心，促进科技人员交流，合作开展重大科技攻关，共同提升科技创新能力。五是整合现有资源，开拓和推进参与国家在青年就业、创业培训、职业技能开发、社会保障管理服务、公共行政管理等共同关心领域的务实合作。六是充分发挥政党、议会交往的桥梁作用，加强国家之间立法机构、主要党派和政治组织的友好往来，互结友好城市。七是加强各国民间组织的交流合作，重点面向基层民众，广泛开展教育、医疗、减贫开发、生物多样性和生态环保等主题的各类公益慈善活动，改善贫困地区生产生活条件；加强文化传媒领域的国际交流合作，积极利用网络平台，运用新媒体工具，塑造和谐友好的文化生态和舆论环境；通过强化民心相通，弘扬丝绸之路精神，开展智力丝绸之路、健康丝绸之路等建设，在科学、教育、文化、卫生、民间交往等领域广泛合作，使"一带一路"建设的民意基础更为坚实，社会根基更加牢固。"一带一路"建设就是要以文明交流超越文明隔阂，以文明互鉴超越文明冲突，以文明共存超越文明优越，为相关国家人民加强交流、增进理解搭起新的桥梁，为不同文化和文明加强对话、交流互鉴织就新的纽带，推动各国相互理解、相互尊重、相互信任。

"一带一路"是促进共同发展、实现共同繁荣的友谊之路。共建"一带一路"旨在促进各国发展战略的对接和耦合，有利于发掘区域市场的潜力，推动经济要素有序自由流动、资源高效配置和市场深度融合，促进投资和消费，创造需求和就业，增进各国人民的人文交流与文明互鉴，从而让各国人民相逢相知、互信互敬，共享和谐、安宁、富裕的生活。共建"一带一路"符合国际社会的根本利益，彰显了人类社会的共同理想和美好追求，是国际合作及全球治理新模式的积极探索，将为世界和平发展增添新的正能量。中国政府倡议秉持和平合作、开放包容、互学互鉴、互利共赢的理念，全方位推进务实合作，打造政治互信、经济融合、文化包容的利益共同体、命运共同体和责任共同体。

"一带一路"倡议已经得到世界上众多国家和地区的积极响应，成为维护全球自由贸易体系和开放型世界经济的重要支撑。截至 2021 年 1 月 30 日，中国已经同 171 个国家和国际组织签署 205 份共建"一带一路"合作文件。[1] 特别是 2017 年 5 月第一届"一带一路"国际合作高峰论坛、2019 年 4 月第二届"一带一路"国际合作高峰论坛和 2019 年 5 月亚洲文明对话大会的成功举办，充分彰显了我国开放、包容的大国外交风范。在此背景下，我们一方面应致力于向世界介绍中国，推动中国文化"走出去"，讲好中国故事；另一方面也应加强对"一带一路"国家的历史、文化、语言、教育、艺术等方面的介绍和研究，让中国人民更多地了解"一带一路"国家的具体国情，特别是文化传统和教育体系。

"一带一路"倡议合作范围不断扩大，合作领域愈加广阔。它不仅给参与各方带来了实实在在的合作红利，也为世界贡献了应对挑战、创造机遇、强化信心的智慧与力量。

当今世界，新冠肺炎疫情带来诸多挑战，局部战争风险依然存在，经济增长动能不足，"逆全球化"思潮涌动，地区动荡持续，恐怖主义蔓延。和平赤字、发展赤字、治理赤字带来的严峻问题，已摆在全人类面前。这充分说明现有的全球治理体系面临结构性问题，亟须找到新的破解之策与应对方略。作为一个新兴大国，中国有能力、有意愿同时也有责任为完善全球治理体系贡献智慧与力量。面对新挑战、新问题、新情况，中国给出

---

[1] 中国一带一路网. 我国已签署共建"一带一路"合作文件 205 份 [EB/OL].（2021-01-30）[2021-02-23]. https://www.yidaiyilu.gov.cn/xwzx/gnxw/163241.htm.

的全球治理方案是：构建人类命运共同体，实现共赢共享。"一带一路"倡议正是朝着这个目标努力的具体实践。"一带一路"倡议强调各国的平等参与、包容普惠，主张携手应对世界经济面临的挑战，开创发展新机遇，谋求发展新动力，拓展发展新空间，共同朝着人类命运共同体方向迈进。正是本着这样的原则与理念，"一带一路"倡议针对各国发展的现实问题和治理体系的短板，创立了亚洲基础设施投资银行、丝路基金等新型国际机制，构建了多形式、多渠道的交流合作平台。这既能缓解当今全球治理机制代表性、有效性、及时性难以适应现实需求的困境，在一定程度上扭转公共产品供应不足的局面，提振国际社会参与全球治理的士气与信心，又能满足发展中国家尤其是新兴市场国家变革全球治理机制的现实要求，大大增强了新兴国家和发展中国家的话语权，是推进全球治理体系朝着更加公正合理方向发展的重大突破。

"一带一路"倡议涵盖了发展中国家与发达国家，实现了"南南合作"与"南北合作"的统一，有助于推动全球均衡可持续发展。"一带一路"建设以基础设施建设为着眼点，促进经济要素有序自由流动，推动中国与相关国家的宏观政策的对接与协调。对于参与"一带一路"建设的发展中国家来说，这是一次搭中国经济发展"快车""便车"，实现自身工业化、现代化的历史性机遇，有利于推动"南南合作"的广泛展开，同时也有助于增进"南北对话"，促进"南北合作"的深度发展。不仅如此，"一带一路"倡议的理念和方向同联合国《2030年可持续发展议程》也高度契合，完全能够加强对接，实现相互促进。联合国秘书长古特雷斯表示，"一带一路"倡议与《2030年可持续发展议程》都以可持续发展为目标，都试图提供机会、全球公共产品和双赢合作，都致力于深化国家和区域间的联系。

二、深入推动"一带一路"国家的教育交流

2020 年 6 月印发的《教育部等八部门关于加快和扩大新时代教育对外开放的意见》指出，教育对外开放是教育现代化的鲜明特征和重要推动力，要以习近平新时代中国特色社会主义思想为指导，坚持教育对外开放不动摇，主动加强同世界各国的互鉴、互容、互通，形成更全方位、更宽领域、更多层次、更加主动的教育对外开放局面。

教育为国家富强、民族繁荣、人民幸福之本，在共建"一带一路"中具有基础性和先导性作用。教育交流为各国民心相通架设桥梁，人才培养为各国政策沟通、设施联通、贸易畅通、资金融通提供支撑。各国间教育交流源远流长，教育合作前景广阔，大家携手发展教育，合力共建"一带一路"，是造福各国人民的伟大事业。推进"一带一路"国家教育共同繁荣，既是加强与各国教育互利合作的需要，也是推进中国教育改革发展的需要，中国愿意在力所能及的范围内承担更多责任和义务，为区域教育大发展做出更大的贡献。

（一）教育合作的原则

"一带一路"国家教育合作应遵循四个重要原则。

一是育人为本，人文先行。加强合作育人，提高区域人口素质，为共建"一带一路"提供人才支撑。坚持人文交流先行，建立区域人文交流机制，搭建民心相通桥梁。

二是政府引导，民间主体。政府加强沟通协调，整合多种资源，引导教育融合发展。发挥学校、企业及其他社会力量的主体作用，活跃教育合作局面，丰富教育交流内涵。

三是共商共建，开放合作。坚持共商、共建、共享，推进各国教育发

展规划相互衔接，实现各国教育融通发展、互动发展。

四是和谐包容，互利共赢。加强不同文明之间的对话，寻求教育发展最佳契合点和教育合作最大公约数，促进各国在教育领域互利互惠。

（二）教育合作的重点

"一带一路"各国教育特色鲜明、资源丰富、互补性强、合作空间巨大。中国将以基础性、支撑性、引领性三方面举措为建议框架，开展三方面重点合作，对接各国意愿，互鉴先进教育经验，共享优质教育资源，全面推动各国教育提速发展。

1．开展教育互联互通合作

一是加强教育政策沟通。开展"一带一路"国家教育法律、政策协同研究，构建各国教育政策信息交流通报机制，为各国政府推进教育政策互通提供决策建议，为各国学校和社会力量开展教育合作交流提供政策咨询。积极签署双边、多边和次区域教育合作框架协议，制定各国教育合作交流国际公约，逐步疏通教育合作交流政策性瓶颈，实现学分互认、学位互授联授，协力推进教育共同体建设。

二是助力教育合作渠道畅通。推进"一带一路"国家间签证便利化，扩大教育领域合作交流，形成往来频繁、合作众多、交流活跃、关系密切的携手发展局面。鼓励有合作基础、相同研究课题和发展目标的学校缔结姊妹关系，逐步深化和拓展教育合作交流。举办校长论坛，推进学校间开展多层次、多领域的务实合作。支持高等学校依托优势学科和专业，建立"产学研用"相结合的国际合作联合实验室（研究中心）、国际技术转移中心，共同应对各国在经济发展、资源利用、生态保护等方面面临的重大挑战与机遇。打造"一带一路"国家学术交流平台，吸引各国专家学者、青年学生开展研究和学术交流。推进"一带一路"国家优质教育资源共享。

三是促进语言互通。研究构建语言互通协调机制，共同开发语言互通开放课程，逐步将国家语言课程纳入各国的学校教育课程体系。拓展政府间语言学习交换项目，联合培养、相互培养高层次语言人才。发挥外国语院校人才培养优势，推进基础教育多语种师资队伍建设和外语教育教学工作。扩大语言学习国家公派留学人员规模，倡导各国与中国院校合作在华开办本国语言专业。支持更多社会力量助力孔子学院和孔子课堂建设，加强汉语教师和汉语教学志愿者队伍建设，全力满足不同国家的汉语学习需求。

四是推进民心相通。鼓励学者开展或合作开展中国课题研究，增进各国对中国发展模式、国家政策、教育文化等各方面的理解。建设国别和区域研究基地，与对象国合作开展经济、政治、教育、文化等领域研究。逐步将理解教育课程、丝路文化遗产保护纳入各国中小学教育课程体系，加强青少年对不同国家文化的理解。加强"丝绸之路"青少年交流，注重通过志愿服务、文化体验、体育竞赛、创新创业活动和新媒体社交等途径，增进不同国家青少年对其他国家文化的理解。

五是推动学历学位认证标准联通。推动落实联合国教科文组织《亚太地区承认高等教育资历公约》，支持联合国教科文组织建立世界范围学历互认机制，实现区域内双边、多边学历学位关联互认。呼吁各国完善教育质量保障体系和认证机制，加快推进本国教育资历框架开发，助力各国学习者在不同种类和不同阶段教育之间进行转换，促进终身学习社会的建设。共商、共建区域性职业教育资历框架，逐步实现就业市场的从业标准一体化。探索建立各国教师专业发展标准，促进教师流动。

2．开展人才培养培训合作

一是实施"丝绸之路"留学推进计划。设立"丝绸之路"中国政府奖学金，为各国专项培养行业领军人才和优秀技能人才。全面提升来华留学人才培养质量，把中国打造成为深受各国学子欢迎的留学目的地。以国家公派留学为引领，推动更多中国学生到"一带一路"其他国家留学。坚持"出国留学和来华留学并重、公费留学和自费留学并重、扩大规模和提高质量并重、依法管理和完善服务并重、人才培养和发挥作用并重"，完善全链条的留学人员管理服务体系，保障平安留学、健康留学、成功留学。

二是实施"丝绸之路"合作办学推进计划。有条件的中国高等学校开展境外办学要集中优势学科，选好合作契合点，做好前期论证工作，构建科学的人才培养模式、运行管理模式、服务当地模式、公共关系模式，使学校顺利落地生根、开花结果。发挥政府引领、行业主导作用，促进高等学校、职业院校与行业企业深度产教融合。鼓励中国优质职业教育配合高铁、电信运营等行业企业"走出去"，探索开展多种形式的境外合作办学，合作设立职业院校、培训中心，合作开发教学资源和项目，开展多层次职业教育和培训，培养当地急需的各类"一带一路"建设者。整合资源，积极推进与各国在青年就业培训等共同关心领域的务实合作。倡议国家之间开展高水平合作办学。

三是实施"丝绸之路"师资培训推进计划。开展"丝绸之路"教师培训，加强先进教育经验交流，提升区域教育质量。加强"丝绸之路"教师交流，推动各国校长交流访问、教师及管理人员交流研修，推进优质教育模式在各国的互学互鉴。大力推进各国优质教学仪器设备、教材课件和整体教学解决方案的输出，跟进教师培训工作，促进各国教育资源和教学水平均衡发展。

四是实施"丝绸之路"人才联合培养推进计划。推进国家间的研修访学活动。鼓励各国高等院校在语言、交通运输、建筑、医学、能源、环境工程、水利工程、生物科学、海洋科学、生态保护、文化遗产保护等国家发展急需的专业领域联合培养学生，推动联盟内或校际教育资源共享。

3．共建丝路合作机制

一是加强"丝绸之路"人文交流高层磋商。开展国家间的双边、多边人文交流高层磋商，商定"一带一路"教育合作交流总体布局，协调推动各国建立教育双边和多边合作机制、教育质量保障协作机制和跨境教育市场监管协作机制，统筹推进"一带一路"教育共同行动。

二是充分发挥国际合作平台作用。发挥上海合作组织、东亚峰会、亚太经合组织、亚欧会议、亚洲相互协作与信任措施会议、中阿合作论坛、东南亚教育部长组织、中非合作论坛、中巴经济走廊、孟中印缅经济走廊、中蒙俄经济走廊等现有双边、多边合作机制的作用，增加教育合作的新内涵。借助联合国教科文组织等国际组织力量，推动各国围绕实现世界教育发展目标形成协作机制。充分利用中国–东盟教育交流周、中日韩大学交流合作促进委员会、中阿大学校长论坛、中非高校20+20合作计划、中日大学校长论坛、中韩大学校长论坛、中俄综合性大学联盟等已有平台，开展务实的教育合作交流。支持在共同区域、有合作基础、具备相同专业背景的学校组建联盟，不断延展教育务实合作平台。

三是实施"丝绸之路"教育援助计划。发挥教育援助在"一带一路"教育共同行动中的重要作用，逐步加大教育援助力度，重点投资于人、援助于人、惠及于人。发挥教育援助在"南南合作"中的重要作用，加大对相关国家尤其是最不发达国家的支持力度。统筹利用国家、教育系统和民间资源，为相关国家培养培训教师、学者和各类技能人才。积极开展优质教学仪器设备、整体教学方案、配套师资培训一体化援助。加强中国教育培训中心和教育援外基地建设。倡议各国建立政府引导、社会参与的多元化经费筹措机制，通过国家资助、社会融资、民间捐赠等渠道，拓宽教育经费来源，做大教育援助格局，实现教育共同发展。

三、精心组织"一带一路"国家文化教育大系的编著出版

在编写"一带一路"国家文化教育大系过程中，应当全面了解国内外对"一带一路"倡议的响应情况，关注进展，总结做法；应当在新冠肺炎疫情得到控制后到对象国去走一走，看一看，实地感受其教育情况和发展变化；应当广泛收集对象国一手资料，认真阅读，消化分析，吐故纳新；应当多方检索专家学者已经开展的相关研究，虚心参阅已有的研究成果。肆虐全球的新冠肺炎疫情，给人类身体健康和生命安全带来了巨大威胁，对世界格局和世界治理体系产生了重大影响，给全球各行各业带来了巨大挑战。教育置身其间，影响十分明显。因而，对"一带一路"国家文化教育进行研究时，必须观察分析疫情对相关国家文化教育和全球教育治理的深刻影响。

"一带一路"倡议提出后，中外已形成多个"一带一路"多边大学联盟。2015 年 5 月 22 日，由西安交通大学发起的新丝绸之路大学联盟成立，迄今已吸引 38 个国家和地区的 150 余所大学加盟。该联盟是海内外大学结成的非政府、非营利性的开放性、国际化高等教育合作平台，以"共建教育合作平台，推进区域开放发展"为主题，推动"新丝绸之路经济带"国家和地区大学之间在校际交流、人才培养、科研合作、文化沟通、政策研究、医疗服务等方面的交流与合作，增进青少年之间的了解和友谊，培养具有国际视野的高素质、复合型人才，服务"新丝绸之路经济带"及欧亚地区的发展建设。

2015 年 10 月 17 日，丝绸之路（敦煌）国际文化博览会筹委会文化传承创新高端学术研讨会在敦煌举行。中国的复旦大学、北京师范大学、兰州大

学和俄罗斯乌拉尔国立经济大学、韩国釜庆大学等 46 所中外高校在甘肃敦煌成立了"一带一路"高校战略联盟，以探索跨国培养与跨境流动的人才培养新机制，培养具有国际视野的高素质人才。46 所高校当日达成《敦煌共识》，联合建设"一带一路"高校国际联盟智库。联盟将共同打造"一带一路"高等教育共同体，推动"一带一路"国家和地区大学之间在教育、科技、文化等领域的全面交流与合作，服务"一带一路"国家和地区的经济社会发展。

2016 年 9 月，中国、中亚及丝绸之路经济带沿线 7 个国家的 51 所高校共同发起成立了中国–中亚国家大学联盟，旨在打造开放性、国际化互动平台，深化"一带一路"科教合作。

此外，高等教育合作研讨会也日渐增多，既有官方推动形成的研讨会，也有民间自发举办的研讨会。比如，中外大学校长论坛、新加坡–中国–印度高等教育论坛、"一带一路"教育对话论坛，以及北京师范大学举办的"一带一路"国家教育交流与合作高端研讨会，北京外国语大学举办的"一带一路"与行业国际化人才培养高峰论坛，北京理工大学主办的"一带一路"高等教育研究国际会议，浙江大学举办的"一带一路"背景下的工程科技人才培养国际研讨会等。这些多边研讨会的召开，不仅吸引了大量"一带一路"沿线国家的教育研究者与实践者参会，推动了研究与实践合作，而且创新了教育合作模式，促进了国际化高端人才培养，为"一带一路"建设奠定了民意基础。

"一带一路"倡议提出之后，中国学术界迅速开展了关于"一带一路"的研究活动，有关"一带一路"主题的图书主要有以下五类。第一类是倡议解读类图书，一般是梳理"一带一路"倡议的提出、发展及其理论内涵与外延。第二类是经济贸易类图书，专业性较强，主要为理论研究型图书。第三类是国情文史类图书，多为介绍"一带一路"国家国情概览、历史情况、发展概况的工具书，语言平实，部分图书学术性较强。第四类是丝路历史类图书，一般回顾古代丝绸之路的形成与发展、丝绸之路上的人物和大事记等，追古溯源，以便更好地开启"一带一路"新篇章。第五类是法律税收类图书，多为法律指引、税务规范手册等。

可以看出，国内对"一带一路"国家的研究已有一定基础，但是囿于语言翻译的障碍，已经出版的"一带一路"图书，大多是政策解读、数据报告、概况介绍等，对对象国的研究广度和深度还很不够，尤其是针对"一带一路"国家文化教育的系统研究还比较少。

在"一带一路"国家中，遴选具有代表性的对象，对其文化、教育进行系统性的研究，并在此基础上编写"一带一路"国家文化教育大系，分期分批出版，对于帮助中国普通读者和研究人员了解"一带一路"国家的文化教育情况，以及对于拓展我国比较教育研究领域、丰富比较教育研究文献，乃至对于促进中外文明互通、更好地参与推进"一带一路"建设，都具有重要意义。基于对选题背景与意义、相关出版产品调研和北京外国语大学比较优势的分析，"一带一路"国家文化教育大系坚持学术性、可读性兼顾原则，分批次推出，不断积累，以形成规模和品牌。

大系在内容上，一方面呈现"一带一路"国家的文化概貌，展示"一带一路"国家教育发展的文化背景和社会依托。大系采用专题形式，力求用简洁平实的语言生动活泼地介绍"一带一路"国家的自然地理、人文景观、历史发展、风土人情、文化遗产等内容，重点呈现对象国独有的文化现象和独特风貌，集中揭示其民族文化内涵、民族精神、人文意蕴。另一方面，大系重点研究、评价、介绍"一带一路"国家教育的基本情况、发展历史、发展战略、政策法规、现存体系、治理模式与师资队伍等，这方面内容占较大篇幅，是全书的重点和主要内容。

"一带一路"倡议正在成为我国参与全球开放合作、改善全球治理体系、促进全球共同发展繁荣、推动构建人类命运共同体的中国方案。作为国家社会科学基金（教育学）重大项目"新时代提升中国参与全球教育治理的能力及策略研究"的部分研究成果和北京外国语大学"双一流"建设重大标志性成果，"一带一路"国家文化教育大系计划在 2021 年中国共产党建党 100 周年和北京外国语大学建校 80 周年之际，推出首批图书。2023 年"一带一路"倡议提出 10 周年时，推出该项目二期成果。同时积极参与党和国家相关主题纪念活动，以及国家重大图书项目的申报评选工作。

北京外国语大学以外语见长，国际交往活跃，被誉为"共和国外交官的摇篮"，先后培养了 400 多位大使、2 000 多位参赞，以及更多的外交外事外贸工作者。凡是有五星红旗飘扬的地方，都能看到北外人的身影。北外不仅承担着培养各类国际化人才的任务，更担负着向中国介绍世界、向世界介绍中国的历史使命。迄今为止，北外已获批开设 101 种外国语言，成立了 37 个区域与国别研究中心，丰富的涉外资源正在助力"一带一路"国家的研究。

大系由外研社具体组织实施。外研社隶属北外，多年来致力于"一带一路"国家的合作交流，服务讲好"中国故事"，在中华思想文化传播、打造中外出版联盟、推动中外学术互译等方面积累了丰富经验，对于协助研究、编著、出版"一带一路"国家文化教育大系具有良好的工作基础。这也是北外及外研社的使命和担当之所在。

大系编著者以北外教师为主。服务国家重大战略，北外人责无旁贷。同时，国内有研究专长和研究意愿的专家学者也踊跃参与，他们或独自撰著一书，或与北外同仁合作。大系还邀请了驻外使领馆的同志和对象国的学者参加撰写或审稿，他们运用一手资料，开展实地调研，力图提升大系的准确性。

四、结语

"一带一路"倡议植根历史，更面向未来；源于中国，更属于世界。"一带一路"作为文明互鉴的桥梁，从亚欧大陆延伸到非洲、美洲、大洋洲，与世界各国发展战略及众多国际和地区组织的发展实现对接联通，在通路、通航的基础上更好地通商，进而开展文化教育交流与沟通，加强商品、资金、技术、文化、教育流通，达成互学互鉴的文明愿景。"一带一路"倡议的目标是中国与"一带一路"国家在互联互通基础上分享优质产能，共商项目投资，共建基础设施，共享合作成果，内容包括政策沟通、设施联通、贸易畅通、资金融通、民心相通"五通"。"一带一路"倡议肩负重大使命，它要探寻经济增长之道，将中国自身的产能优势、技术与资金优势、经验与模式优势转化为市场与合作优势，实行全方位开放，共享中国改革发展红利；它要实现全球化再平衡，鼓励向西开放，带动西部开发以及中亚、蒙古等内陆国家和地区的开发，在国际社会推行全球化的包容性发展理念，主动向西推广中国优质产能和比较优势产业，惠及沿途、沿岸国家，避免西方国家所开创的全球化造成的贫富差距和地区发展不平衡情况，推动建立持久和平、普遍安全、共同繁荣的和谐世界；它要开创地区新型合作，强调共商、共建、共享原则，超越了马歇尔计划和传统的对外援助活动，给21世纪的国际合作带来了新的理念。所以，新时代中国的教育学者应当将"一带一路"国家文化教育研究作为比较教育新的增长点，全面深入开展研究，以自己的聪明才智丰富学术，为国出力，服务国家重大发展战略；在加强与"一带一路"国家的交流合作中，推动"一带一路"建设高质量发展，努力建设高质量的中国教育体系，并积极参与后疫情时代全球教育治理体系改革，加快构建以国内大循环为主体、国内国际双循环相互促进的新发展格局。

2023 年春
于北京外国语大学

（王定华，北京外国语大学党委书记、博士、教授、博士生导师，国家督学。历任河南大学教师、中国驻纽约总领事馆教育领事、教育部基础教育一司司长、教育部教师工作司司长等。）

本书前言

利比里亚虽然是非洲大陆上一个领土面积相对较小，人口也不太多的国家，但却是非洲第一个共和国，具有非常独特的历史和文化。由于利比里亚的国名与利比亚过于接近，在听到利比里亚这一名称时，一些人会将其误认为利比亚。在笔者被任命为中国驻利比里亚大使的消息发布后，一些朋友非常惊讶，说你学的外语不是英语吗？怎么会被派到一个说阿拉伯语的国家去当大使？

利比里亚是一个非常独特的国家，其历史事件和历史人物在世界，特别是在非洲大陆的发展历史上占有一定地位，值得深入研究。利比里亚是由美国殖民协会遣返的被解放黑奴及其后裔从19世纪20年代起逐步建立的国家。利比里亚位于非洲西部，地理位置十分重要，被称为"西非门户"。因其战略地理位置和出产铁矿石与橡胶等重要军用物资，利比里亚在第二次世界大战时成为美军的后勤物资中转站和供应基地，为世界反法西斯战争胜利做出了积极贡献，是联合国的创始会员国之一。20世纪50—60年代，利比里亚政府采取积极吸引外来投资的政策，经济年平均增长率高达11.5%，成为仅次于日本的世界第二经济快速增长国，国内生产总值从1950年的3 600万美元增加到1970年的4.16亿美元，[1]基础设施和文化教育得到快速发展，成为非洲大陆的"小康之国"。后来，因经济形势恶化、政客和

---

[1] 资料来源于世界银行官网。

21

军界利用和煽动民族和地区矛盾，再加上域外大国和周边邻国的干预，利比里亚自 1980 年发生军事政变起，进入长达 20 多年的政局动荡和军阀混战时期，导致当时全国 300 多万人口中的上百万人流离失所，20 多万人死亡。[1]

作为内战后百废待兴的国家，利比里亚政府和人民无不希望通过与世界各国发展经贸合作关系实现经济的快速恢复和发展，期盼再现 20 世纪 50—70 年代的经济发展奇迹，因而对加强与世界各国在各领域的合作充满憧憬和希望。在积极参与中非合作论坛框架下各领域合作的同时，利比里亚迫切要求成为共建"一带一路"的合作伙伴。在笔者 2018 年 1 月作为中国驻利比里亚大使抵达首都蒙罗维亚后，利比里亚时任总统维阿和外长贝宗格·芬德利等官员多次向笔者表达希望早日成为共建"一带一路"的合作伙伴的愿望。2018 年 9 月，在中非合作论坛北京峰会期间，习近平主席会见了维阿总统。维阿总统提出了成为"一带一路"倡议共建合作伙伴国的请求，习主席给予了积极回应。[2] 经中利两国外交部门磋商，2019 年 4 月，中国与利比里亚签署了共建"一带一路"的谅解备忘录，[3] 利比里亚由此正式成为"一带一路"合作建设的伙伴国之一，为增强中国和利比里亚各领域的合作增添了新的平台与动力。

《利比里亚文化教育研究》一书作为"一带一路"国家文化教育大系中的一本，主要介绍利比里亚的文化教育，全书共分为 12 章。第一章主要介绍利比里亚的自然地理、国家制度和社会生活等，帮助读者掌握利比里亚的基本情况，为研究其教育体制和教育实践提供了背景和语境。第二章主要介绍利比里亚的历史人文、风土人情和民族文字等，以让读者了解利比里亚的历史文化和传统。第三章介绍了利比里亚各个历史时期的教育制

---

[1] 资料来源于联合国官网。

[2] 刘华. 国家主席习近平 1 日在人民大会堂会见利比里亚总统维阿 [N/OL]. （2018-09-01）[2023-04-02]. http://www.xinhuanet.com/politics/2018-09/01/c_1123364587.htm.

[3] 中华人民共和国商务部网站. 中国与利比里亚签署共建"一带一路"谅解备忘录 [N/OL]. （2019-05-05）[2023-04-02]. http://www.cinn.cn/ydyl/201905/t20190505_211612.html.

度和办学特色，厘清该国教育发展的历史脉络。第四章至第九章分别介绍了利比里亚的学前教育、基础教育、高等教育、职业教育、成人教育和教师教育，每章介绍相应的基本情况，以及面临的挑战和对策。第十章和第十一章分别关注的是利比里亚的教育政策和教育行政，前者侧重于利比里亚近年来出台的教育法案、教育政策、教育发展计划，后者侧重于中央和地方教育部门的行政架构和行政管理。第十二章主要介绍了利比里亚与不同国家和地区等的教育合作。结语对本书的内容进行了总结，并对中国和利比里亚两国未来的文化教育交流合作进行了展望。读者既可阅读全书以了解利比里亚教育的全貌，也可根据自己的兴趣有选择地阅读部分章节。

由于利比里亚长期的政治动荡和内战，在其本国和国际社会上，关于利比里亚文化教育的研究著作和文献很少，再加上利比里亚教育管理信息系统的数据不对外公开，笔者只能从利比里亚政府发布的教育行业计划、教育政策，国际机构、双边援助国和非政府组织对利比里亚教育的评估和分析报告，利比里亚政府部门网站与媒体报道，中国相关部委和驻利比里亚使馆的网站与新闻报道中收集有关信息和数据。因利比里亚政府制定的多数教育计划均着眼于争取外部援助，有时可能会夸大数据和困难。比如，利比里亚教育部 2020 年 5 月制定的《利比里亚新冠肺炎疫情教育紧急应对计划》宣称，利比里亚当时的在校学生有 200 万人，但国际机构同期的数据却显示只有 160 万人。[1] 与此同时，利比里亚教育管理信息系统对成人教育的统计长期缺失，对职业教育的统计未能全覆盖，因而就连利比里亚教育部对上述两个领域的教育数据也未完全掌握。世界银行在其对利比里亚教育的分析报告中援引利比里亚教育管理信息系统的统计数据时指出，有些数据很可能存在误差。[2]

本书的撰写和出版要感谢北京外国语大学党委书记、中国教育学会国

---

[1] 资料来源于利比里亚教育部和联合国儿童基金会官网。

[2] 资料来源于世界银行官网。

际教育分会理事长、"一带一路"国家文化教育大系总主编王定华教授，中国教育学会国际教育分会副理事长陈海东博士，中国教育发展战略学会心理教育专业委员会常务副理事长陈虹教授。外语教学与研究出版社刘捷编审、孙凤兰编审、巢小倩副编审等提出了很多中肯的专业意见和指导建议。利比里亚大学孔子学院中方院长周红专教授，孔子学院范金宏老师也帮助收集和提供了利比里亚和孔子学院的一些资料；冯家勇先生，以及同事王悦琪、李昊雷、吴歆等提供了他们拍摄的宝贵图片资料。在此，笔者谨向所有提供各种指导、支持和帮助的专家学者和朋友致以衷心感谢。此外，在撰写过程中，笔者还参阅了中国教育部、外交部、商务部和中国驻利比里亚大使馆等部门的公开信息，在此，同样表示谢意。

因作者学识有限，本书可能会存在疏漏和不当之处，恳请广大读者和专家学者批评指正。现将本人邮箱 fujijun1010@163.com 留存在此，以供各位读者和专家不吝赐教。

付吉军

2023 年 6 月

目　录

第一章 国情概览

第一节 自然地理

一、地理位置

利比里亚共和国位于非洲西部几内亚湾北部，介于西经 7 度 40 分至 11 度 20 分和北纬 3 度 20 分至 8 度 30 分之间。[1] 利比里亚西南濒临大西洋，西北与塞拉利昂为邻，北接几内亚，东邻科特迪瓦。

利比里亚的国土面积为 111 369 平方千米，其中陆地面积为 96 320 平方千米，水域面积为 15 049 平方千米。[2] 与非洲大陆的其他国家相比，利比里亚的面积仅略大于冈比亚、卢旺达、布隆迪、莱索托、多哥和塞拉利昂等国。

利比里亚的海岸线长约 537 千米，隔大西洋与南美洲大陆相望。利比里亚曾是阿拉伯商人和欧洲殖民者沿西非海岸南下和深入内陆殖民与贸易的重要通道之一，有"西非门户"之称。[3]

---

[1] 资料来源于维基百科官网。

[2] 资料来源于大英百科全书官网。

[3] 资料来源于世界地图集官网。

二、地形地貌

利比里亚地处西非几内亚高原南部的倾斜面上，东北高，西南低。全国大致可分为四个明显的阶梯形地带。

沿海地带为从海平面向陆地延伸的平缓平原和准平原，除山角、梅苏拉多角和帕尔马斯角等几个主要海角地势稍高外，海拔一般不高。这些海角与大河河口、潟湖、红树林沼泽等将海岸线分割成锯齿状。

利比里亚的大陆架狭窄，强大的拍岸浪和洋流助长了潮水运动。潮水有规律的涨落阻挡了河水的快速下泄，河水携带的沉积物形成了一些滩脊和沙洲。

中部是大致与沿海平原平行的丘陵和高原，分布有宽阔的河谷与河道，间或有一些断断续续的山脉，如伯米山、戈埃山和巴萨山等。

切割高原位于利比里亚北部，总体上由西北部向东部缓慢上升，由许多突然抬升的高地组成。这些高地之间散布着一系列东北至西南走向的山脉，如邦格山脉、克波山脉、祖阿山脉、普图和提恩波山脉等。

北部高地在沿几内亚共和国边境一带，由沃因马西南的沃洛吉西和宁巴山脉组成。沃洛吉西的最高峰武蒂维峰海拔 1 381 米，也是利比里亚目前的最高峰。[1] 宁巴山脉跨越几内亚和科特迪瓦三国，山坡被茂密的森林覆盖，最高点是海拔 1 752 米的宁巴山山顶。[2]

三、气候和水文

利比里亚位于赤道附近，濒临大西洋，受非洲大陆和大西洋上空高气

---

[1] 资料来源于世界地图集官网。

[2] 资料来源于联合国教科文组织官网。

压和低气压的交替影响，属热带季风性气候。全年平均气温约为 25℃，雨量充沛，沿海地区年降水量 2 500—3 000 毫米，内陆为 1 500—2 000 毫米。[1] 5—11 月为多雨季节，受西南季风（热带海洋气团）影响。海洋气团到达海岸时，被迫上升冷却，形成强降雨，使利比里亚海岸成为西非降雨最多的地区之一。位于海岸线上的首都蒙罗维亚，年平均降雨量高达 4 650 毫米，被称为"雨都"。在吹往内陆的过程中，空气逐渐失去大部分水分，导致远离海岸的内陆地区降雨减少。但在遇到高地时，空气被抬升冷却后又会形成地形雨。利比里亚从 12 月到次年 4 月为旱季，此时，干燥的非洲大陆气团向南移动，使西非大部分地区受东北信风影响。火热的哈马丹风以极小的湿度夹杂着大量尘埃从撒哈拉沙漠吹来，在短时间内到达利比里亚，致使内地形成高温。但在沿海一带，因大西洋对温度的调节作用，平均气温年变化和日变化都相对较小。

利比里亚水资源丰富，境内河流众多，发育成为密集的树枝状水系。主要河流中除卡瓦拉河的中游及其最大支流杜奥贝河外，总体流向都同山脉一致，呈东北—西南走向，并向右弯曲入海。在内陆，河道的倾斜度非常陡峭且不规则。在丘陵地带、较低的山脉和高原之中有许多瀑布或急流。靠近海岸，河道的倾斜度相对平缓。

在利比里亚的 15 条主要河流中，最为重要的有 6 条，由西向东依次为马诺河、洛法河、圣保罗河、圣约翰河、塞斯托斯河和卡瓦拉河。[2] 所有河流均水量丰沛，降雨会导致各河流流量发生很大变化。雨季下过倾盆大雨之后，很多河流都会泛滥成灾。因布满岩石、急流、弯弯曲曲的河道和小岛，绝大多数河段不通航，只有在靠近海岸地区，才能进行一些河流运输。但利比里亚河流的水电潜力巨大，已经修建了一些水力发电站。

---

[1]《中国大百科全书》总编委会. 中国大百科全书 [M]. 2 版. 北京：大百科全书出版社，2009：14-48.

[2] 资料来源于世界地图集官网。

四、自然资源

利比里亚自然资源丰富，主要有矿产资源、森林资源和动物资源等。主要矿产资源有铁、铝矾土、铜、铅、锰、锌、钻石、黄金等，其中铁矿已探明储量超过 100 亿吨。[1]

根据降雨量从沿海到内地依次减少的特点，利比里亚的内陆高原为热带草原区，其余大部分为热带雨林区。因雨量充沛，人口密度相对较低和经济发展水平不高，利比里亚的各种动植物资源十分丰富。森林覆盖率约占全国国土面积的 59%，出产非洲紫檀木、红木、桃花心木等木材。全国有 2 000 多种植物、600 多种鸟类、125 种哺乳动物。[2]

利比里亚的鸟类主要有苍鹭、白鹭、枭、角嘴鹤等，多栖息在湖泊、河流、小溪和沼泽中。最著名的鸟是非洲鹇，俗名"胡椒鸟"。从 11 月到次年 3 月，在利比里亚还能看到许多来自欧洲的候鸟，如牛背鹭等。

利比里亚最大的哺乳类动物非洲象分布在东南部、北部和西北部。在这些地区的河道和淡水沼泽中还分布着一些仅见于西非的珍稀动物，如小河马、西非海牛、豹和非洲金猫等。灵长类动物主要有婴猴、疣猴、树熊猴和世界上已经非常罕见的黑猩猩等。

此外，湿热的气候使得利比里亚各种虫类极多，且全年可见。萃萃蝇、白蚁、蝎子、蜗牛、蜈蚣等很多，虽然增加了热带生物的丰富性和多样性，但也给当地人带来多种传染性病毒。2014 年，在利比里亚、几内亚和塞拉利昂三国暴发的埃博拉病毒就成为世界性公共卫生事件，受到国际社会的广泛关注。

为加强对森林和动物等自然资源的保护，利比里亚先后建立了东宁巴

---

[1] 中华人民共和国外交部. 利比里亚国家概况 [EB/OL]. （2023-01）[2023-02-20]. https://www.mfa.gov.cn/web/gjhdq_676201/gj_676203/fz_677316/1206_677994/1206x0_677996/.

[2] 资料来源于大英百科全书官网。

自然保护区、萨波国家公园、皮索湖多用途保护区和戈拉国家森林保护区，并启动了建设克玻、克拉恩－巴萨·福亚等保护区的计划。[1] 其中，位于宁巴山脉 [2] 的东宁巴自然保护区最受关注。保护区曾经一度有 125 种哺乳动物和 590 种鸟类，包括一定数量的濒临灭绝的物种，例如黑猩猩、非洲金猫、利比里亚猫鼬、白色珍珠鸡等。保护区内的萨波国家公园是非洲麝猫、非洲鱼鹰、非洲灰色鹦鹉、蓝色蕉鹃、水獭、鼠鹿、狄安娜长尾猴等动物的栖息地。2002 年的调查显示，该公园中生长着 353 种植物，其中 78 种为几内亚森林北部地区所特有，6 种植物为新发现物种。[3] 除在长达 14 年的内战中遭到破坏外，公园还因非法采矿、伐木和狩猎活动等受到严重影响。2003 年内战结束后，利比里亚政府在联合国利比里亚观察团、国际自然资源保护协会支持下，对该公园采取了一系列保护措施。

第二节　国家制度

一、国家标志

1847 年 7 月 26 日，利比里亚联邦发表《独立宣言》，正式宣告独立，成立利比里亚共和国。[4]

利比里亚独立时确定的国旗一直沿用至今。国旗呈横长方形，长与宽

---

[1] 资料来源于利比里亚观察家网站。

[2] 这一地区也是利比里亚最大的雨林保护区，因生物多样性和栖息着濒危的地方性物种而具有全球意义，被当作人类自然遗产备选地荐给联合国教科文组织。

[3] 资料来源于联合国教科文组织官网。

[4] 中华人民共和国外交部. 利比里亚国家概况 [EB/OL]. （2023-01）[2023-02-20]. https://www.mfa.gov.cn/web/gjhdq_676201/g _676203/fz_677316/1206_677994/1206x0_677996/.

之比为 19：10。由红、白相间的 11 道平行横条组成，左上角为蓝色正方形，内有一枚白色五角星。11 道红白条纹纪念的是利比里亚独立宣言的 11 个签字者。红色象征勇气，白色象征美德，蓝色象征非洲大陆，正方形表达利比里亚人民渴望自由、和平、民主和博爱的美好愿望，五角星象征利比里亚是当时非洲唯一的黑人共和国。[1]

利比里亚国徽是被天蓝、海蓝、草绿三色分割的椭圆形徽章。大西洋海面上，一艘鼓满风帆的海船满载获得自由的黑人回到祖先的土地。半轮旭日浮出海面，盾徽周围包裹着金幔，预示着这个新兴国家前途无量。一只叼着和平文书的鸽子在天空中飞翔，把和平传向大地。绿色的国土上生长着一棵高大的椰子树，代表西撒哈拉热带雨林。树下的农具表明农业是利比里亚的基础。盾徽上、下各有一条饰带，分别写着"我们因热爱自由而来到这里"和"利比里亚共和国"字样。

利比里亚的国歌名称为《为利比里亚欢呼！》。利比里亚政府和社会各界举办各种活动时都要演奏国歌。演奏国歌时人们起立，并用右手扶胸致敬。歌词大意如下。

为你欢呼利比里亚！为你欢呼利比里亚！这光荣自由的土地，永远是我们的国家。国名虽新名誉依然，国力鼎盛强大！国力鼎盛强大！

欢乐喜悦中我们万众一心，为落后民族高声呼唤自由。万岁，利比里亚欢乐的土地，光辉自由的国家上帝管辖，光辉自由的国家上帝管辖。

为你欢呼利比里亚！为你欢呼利比里亚！强大联盟确保成功，失败永不属于我们。上帝在上请你证明，我们战胜一切！我们战胜一切！

身心和双手保卫祖国大业，侵略者将败在我们的手下。万岁，利

---

[1] 资料来源于大英百科全书官网。

比里亚欢乐的土地，光辉自由的国家上帝管辖，光辉自由的国家上帝管辖。[1]

二、行政区划

利比里亚的首都是蒙罗维亚，它是全国最大的城市和政治、经济、文化、交通中心，约有162万人口聚居在城市及其周边80千米的范围内。该城位于大西洋海岸梅苏拉多角上，是1821年美国遣返的自由黑人到达利比里亚后的最初定居点。

经过多次历史改革，目前利比里亚全国分为15个州（见表1.1）。大巴萨州位于利比里亚海岸中部地区，首府布坎南是为纪念利比里亚联邦第一位总督托马斯·布坎南而命名，是利比里亚第二大城市和港口，有供宁巴山铁矿石出口的专用码头和供木材及其他货物出口的商业码头。锡诺州最初被称作"非洲的密西西比"，1841年加入利比里亚联邦，首府格林维尔是利比里亚主要的货物进口港。大角山州于1924年设立，首府罗伯茨港位于利比里亚海岸西端一块高约90米的突出岩层脚下，这块岩层命名为大角山，曾是沿西非海岸航行的水手们的一个早期路标。马诺河上的大桥将该州与邻国塞拉利昂相连，州内有全国铁矿公司。1827年美国马里兰州殖民协会在帕尔马斯角建立殖民地，最初称为"非洲的马里兰"，1854年成为独立共和国，1857年马里兰州并入利比里亚。邦州于1964年设立，是利比里亚最大的民族克佩尔族聚居的地区和利比里亚三大农业州之一。洛法州位于利比里亚最北部，州名源自流经该州的洛法河，是1964年设立的内陆州之一，拥有沃洛吉西山铁矿和戈拉国家森林保护区，并与几内亚接壤。宁巴州于

---

[1] 资料来源于维基百科官网。

1964 年设立，铁矿资源丰富。大各德州设立于 1964 年，位于该州的普图山脉蕴藏着丰富的铁矿。

表 1.1 利比里亚各州及其首府 [1]

序号	州名	首府
1	蒙特塞拉多州	本森维尔
2	大巴萨州	布坎南
3	锡诺州	格林维尔
4	大角山州	罗伯茨港
5	马里兰州	哈珀
6	邦州	邦加
7	洛法州	沃因贾马
8	宁巴州	桑尼奎利
9	大各德州	绥德鲁
10	伯米州	杜伯曼堡
11	马及比州	卡卡塔
12	里弗塞斯州	里弗塞思
13	大克鲁州	巴克利维尔
14	吉河州	菲什敦
15	巴波卢州	博波卢

---

[1] 星球地图出版社. 世界分国地理图·利比里亚 科特迪瓦 [Z]. 北京：星球地图出版社，2020.

三、政治制度

（一）宪法

1847 年 1 月，利比里亚联邦召开制宪大会。7 月 28 日，制宪大会制定了宪法，即 1847 年宪法，确立利比里亚实行立法、行政、司法"三权分立、相互制衡"的政治体制。9 月 27 日，经过全民公决，宪法获得通过。

1980 年，利比里亚军队的土著军士长塞缪尔·多伊发动军事政变，推翻由美国黑人移民后裔组成的政府而建立军政府，并中止 1847 年宪法，代之以军政府发布的法令。军政府执政后即着手修宪，历经近三年的起草、评议、修订后，新宪法于 1984 年 7 月由全国公民投票通过。新宪法剥离了旧宪法中维护美国黑人移民后裔统治的成分，但对议会、政党及选举制度等核心内容未作重大调整。该草案保持了利比里亚共和国政体和三权分立原则。1986 年 1 月 6 日，1984 年宪法（通常被称为"1986 年宪法"）生效，成为利比里亚第二共和国宪法。之后，利比里亚于 1988、2011 和 2020 年分别对宪法进行三次小幅修订。

现行宪法规定，利比里亚是一个统一的主权国家，实行三权分立的政治体制，实行多党制，国家权力由各党派分享。为防止占议会多数席位的政党改变多党制和解散议会或中止司法权，宪法规定修改宪法要获得国会两院三分之二多数的同意。

利比里亚的行政权由经一轮或两轮全国有选举权的公民选举产生的总统行使。总统是国家元首、政府首脑和武装部队总司令。现行宪法规定总统任期六年，最多可连任两届。作为总统的竞选伙伴与总统一起当选的副总统与总统任期相同。除作为总统的副手和第一顺位继承人外，副总统还兼任参议院议长，但仅在参议院投票表决议案出现反对和赞同票相等的情况时才有权投下决定性的一票。参议院的日常工作由经多数参议员推选的临时参议长负责。总统拥有提名最高法院大法官，各部部长、副部长、助理部长等政府官员和驻外大使的权力，但需经参议院多数议员投票赞同方能有效。

（二）议会

立法权属于国民议会（简称国会）。国会分参众两院，由 30 名参议员（每州 2 名）组成的参议院和 73 名众议员组成的众议院组成。参议院议员由各州选民直接选举产生，任期 9 年，可连选连任。众议院议员由各州不同选区的选民直接选举产生，任期 6 年，可连任一届。[1]

（三）法院

司法权属于最高法院和国民大会设立的各级附属法院。主要司法机构有最高法院、地方法院和特别军事法庭。各级法官均由总统提名或任命。最高法院由一名大法官和四名陪审法官组成。总统关于最高法院大法官和陪审法官的提名需经参议院多数议员投票同意方能生效。大法官和陪审法官可任职到 70 岁，因行为不当受议会弹劾并经最高法院多数法官和议会两院多数议员投票方可罢免。

（四）政府

在 2017 年的大选中，乔治·维阿当选利比里亚总统，并于 2018 年 1 月宣誓就职。2018 年 5 月，新一届政府组成。国家主要部委包括外交部，国

---

[1] 中华人民共和国外交部. 利比里亚国家概况 [EB/OL].（2023-01）[2023-02-23]. https://www.mfa.gov.cn/web/gjhdq_676201/gj_676203/fz_677316/1206_677994/1206x0_677996/.

务部，财政和发展规划部，国防部，卫生部，教育部，内政部，土地、矿业和能源部，新闻、文化和旅游部，司法部，公共工程部，农业部，交通部，邮电部，商业和工业部，劳工部，性别发展、儿童和社会福利部，青年和体育部等；其中国务部除设有国务部长外，还设有不管部部长。

（五）政党

利比里亚实行多党制。1847 年独立时，参加首届大选的两个政党是约瑟夫·罗伯茨总督领导的行政党和塞缪尔·本尼迪克特领导的反行政党。罗伯茨获得胜利，当选利比里亚第一任总统。此后由精英利益集团组成的真辉格党在 1869 到 1980 年的一百多年里连续执政。20 世纪 80 年代，利比里亚恢复多党制。利比里亚现有约 20 个注册政党和政党联盟，主要政党为民主变革联盟、团结党、自由党等。各政党或政党联盟出于政治需要，特别是为争取总统和议会选举胜利，经常分化组合，组成新的政党或政党联盟。[1]

四、军事与外交

1908 年，利比里亚议会通过法案，组建边防警察部队，编制为 500 人。后来，利比里亚又建立武装部队，设立陆军、海岸警卫队和空中侦察队，编制为 5 000 人。

1989 年，利比里亚爆发内战，政府军不断扩充。内战结束后，军队全部解散。2006 年 1 月，利比里亚新政府启动武装部队重建计划，新的武装

---

[1] 中华人民共和国外交部. 利比里亚国家概况 [EB/OL].（2023-01）[2023-02-24]. https://www.mfa.gov.cn/web/gjhdq_676201/gj_676203/fz_677316/1206_677994/1206x0_677996/.

部队首期建设规模为 2 000 人。2 月 11 日为利比里亚建军节和全国法定假日。

利比里亚奉行独立自主、平等互惠的外交政策，遵循确保国家安全、维护领土完整和主权与尊严、互不干涉内政的原则，主张在自由民主的基础上实现国际社会的团结，坚定支持非洲一体化进程，主张非洲国家应"以一个声音说话"。利比里亚现为联合国、不结盟运动、非洲联盟、西非国家经济共同体、萨赫勒－撒哈拉国家共同体和马诺河联盟等组织成员国，同 140 多个国家建立了外交关系。

利比里亚同美国长期保持特殊关系，两国于 1864 正式建交。美国一直是利比里亚最大的援助国，对其政治、经济、军事、外交、文化、教育、宗教等具有全面而深刻的影响。

利比里亚与西非大国尼日利亚、西共体成员国加纳、邻国塞拉利昂、几内亚和科特迪瓦等保持密切合作关系，并与塞拉利昂、几内亚和科特迪瓦组建了次区域组织马诺河联盟。此外，为争取援助和投资，利比里亚还与欧盟、阿拉伯国家、英国、日本和印度等保持密切的经济和贸易合作关系。[1]

第三节　社会生活

一、人口、民族和宗教

利比里亚先后于 1962 年、1974 年、1984 年和 2008 年进行了四次人口普

---

[1] 中华人民共和国外交部. 利比里亚国家概况 [EB/OL].（2023-01）[2023-02-26]. https://www.mfa.gov.cn/web/gjhdq_676201/gj_676203/fz_677316/1206_677994/1206x0_677996/.

查。普查结果显示，人口总数分别约为 110 万、150 万、210 万和 349 万。[1] 根据宪法每 10 年进行一次人口普查的规定，第五次人口普查本应在 2018 年举行，但因缺少经费而一再推迟，直到 2022 年 11 月才开始进行。

利比里亚现有人口约 520 万，平均预期寿命 63.7 岁。[2] 据利比里亚教育部估计，截至 2020 年，利比里亚总人口的 54% 生活在贫困线以下，农村和城市人口在收入、健康和教育方面均存在巨大差距，基础设施薄弱和国内投资有限加剧了这种不均衡。[3] 利比里亚在世界银行 157 个国家中的人力资本指数排名第 153 位，全国人口平均只接受了 4.4 年教育。[4]

利比里亚约有 16 个部族，人数较多的有克佩尔、巴萨、克鲁、格雷博、马诺、洛马、戈拉、曼丁哥、贝尔等。此外，还有部分从美国返回非洲大陆的黑人后裔。利比里亚的官方语言为英语。较大民族有自己的语言，其中瓦伊和巴萨两个部族还有自己的文字。[5] 靠近塞内加尔、几内亚边界地区的利比里亚人因需经常与两国进行贸易和交往，多能使用法语进行交流。

利比里亚实行宗教自由政策，全国约有 85.6% 的人信奉基督教，12.2% 的人信奉非洲本地传统宗教，2.2% 的人信奉伊斯兰教。[6] 基督教教义在宪法、意识形态和生活方式等方面对利比里亚社会具有十分重要的影响。伊斯兰教信众多分布在人口比较集中的城镇。传统宗教在一些偏远丛林地区仍十分活跃。

---

[1] 资料来源于世界银行官网。

[2] 中华人民共和国外交部. 利比里亚国家概况 [EB/OL]. （2023-04）[2023-06-06]. https://www.mfa.gov.cn/web/gjhdq_676201/gj_676203/fz_677316/1206_677994/1206x0_677996/.

[3] 资料来源于利比里亚教育部网站。

[4] 资料来源于世界银行网站。

[5] 资料来源于大英百科全书官网。

[6] 中华人民共和国外交部. 利比里亚国家概况 [EB/OL]. （2023-04）[2023-06-06]. https://www.mfa.gov.cn/web/gjhdq_676201/gj_676203/fz_677316/1206_677994/1206x0_677996/.

二、经济发展

（一）经济简况

利比里亚系世界经济发展水平最低的国家之一，经济发展面临发展资金不足、通货膨胀较高、进出口不平衡和债务持续增长等限制。2022 年，利比里亚的国内生产总值（GDP）约为 47 亿美元，人均国内生产总值 903 美元，国内生产总值增长率为 2.1%。[1] 在联合国公布的人类发展指数排名中，利比里亚在 188 个国家中排名第 177 位，是最不发达国家之一。[2]

2020—2021 财政年度的国家预算为 5.7 亿美元。其中，经常性开支为 5.11 亿美元，占预算的 89.7%，公共资本项目支出 5 870 万美元，仅占预算的 10.3%。利比里亚经济发展还受到通货膨胀和出口波动的困扰，2020 年的通货膨胀率曾高达 13%，2021 年虽因出口收入上升导致通货膨胀下降，但通胀率仍为 5.5%。[3]

2021 年利比里亚的出口总值从 2020 年的 6.07 亿美元上升到 8.78 亿美元，但进口总值从 2020 年的 9.98 亿美元上升至 2021 年的 13.30 亿美元，贸易不平衡现象依然严重。[4] 截至 2021 年年底，利比里亚政府的内债余额为 6.6 亿美元，外债余额为 10.3 亿美元。截至 2022 年 3 月底，利比里亚的国际储备总值为 6.86 亿美元，可支付约 4.5 个月的进口费用。[5]

利比里亚于 2010 年颁布鼓励投资的法律。法律颁布之初，在吸引外国投资方面取得不少成果。2011、2012 和 2013 年所吸引的投资连续超过

---

[1] 中华人民共和国外交部. 利比里亚国家概况 [EB/OL]. （2023-01）[2023-03-22]. https://www.mfa.gov.cn/web/gjhdq_676201/gj_676203/fz_677316/1206_677994/1206x0_677996/.

[2] 驻利比里亚经商参处. 经济 [EB/OL]. （2016-09-21）[2023-06-06]. http://lr.mofcom.gov.cn/article/ddgk/201507/20150701037485.shtml.

[3] 资料来源于利比里亚财政部官网。

[4] 资料来源于世界银行官网。

[5] 资料来源于利比里亚总统府官网。

20 亿美元，但在 2014 年受埃博拉疫情冲击，下降为 5 亿美元后就一蹶不振。2018、2019 和 2020 年分别为 1.3 亿美元、9 000 万美元和 9 000 万美元。联合国 2022 年《世界投资报告》显示，利比里亚 2021 年的外来投资额为 8 929 万美元。[1]

外援一直在利比里亚的经济活动中占重要地位，但援助额受国际经济形势影响波动较大。根据经济合作与发展组织统计，利比里亚所获外援分别为 2016 年的 8.19 亿美元、2017 年的 6.31 亿美元、2018 年的 5.93 亿美元、2019 年的 5.8 亿美元和 2020 年的 6.52 亿美元。[2] 主要援助方为美国、世界银行、国际货币基金组织、欧盟、日本、非洲发展银行、沙特阿拉伯、阿联酋等国家和国际组织。

世界银行 2022 年的国别统计数据显示，利比里亚 2021 年全国 15 岁以上人口劳动参与率为 75%，失业率为 4.1%。[3] 但据实际观察，利比里亚的就业形势非常糟糕，实际失业率和隐性失业率有可能超过 50%。

（二）农业与工矿业

利比里亚土地资源丰富，不仅适合种植优质橡胶，而且适合种植稻米、木薯、玉米、豆类、蔬菜、棕榈和椰子树等，主要农作物为水稻和木薯。2021 年，利比里亚的农业总产值约占当年 GDP 的 40.1%。[4] 利比里亚虽然曾经是大米出口国，但因后来偏重种植橡胶等经济作物，再加上政治动乱与内战使原有的家庭农场遭到战争破坏，粮食不能自给，50%—60% 大米依赖进口。橡胶为利比里亚的主要经济作物，其他还有可可、咖啡和油棕榈等。

---

[1] 资料来源于联合国官网。

[2] 资料来源于经济合作与发展组织官网。

[3] 资料来源于世界银行官网。

[4] 中华人民共和国外交部. 利比里亚国家概况 [EB/OL]. （2023-01）[2023-02-25]. https://www.mfa.gov.cn/web/gjhdq_676201/zj_676203/fz_677316/1206_677994/1206x0_677996/.

利比里亚的畜牧业不发达，肉食和鸡蛋均需依靠进口。

利比里亚矿产和森林等资源丰富。自然和矿产资源大多用于出口，其中铁矿、木材和橡胶等的生产和出口为国民经济收入的主要来源。利比里亚工业基础薄弱，全国约 10% 的人口从事矿业和制造业，矿产资源收入占政府收入的 30%。利比里亚的制造加工业相对落后，2021 年的工业总产值仅占当年 GDP 的 18.9%。[1]

三、交通运输

利比里亚有三条铁路，分别是：从蒙罗维亚穿越博米山区到马诺河的铁路，从蒙罗维亚到邦格铁矿的铁路，从布坎南到耶凯帕的铁路。这三条铁路总长约 500 千米，为几家矿业公司所有，专门用于运输铁矿石，其中从耶凯帕到布坎南的铁路还用来运输原木、橡胶以及几内亚的转口货物。

利比里亚原本就非常落后的公路交通因内战遭受严重破坏，多数内陆州的首府没有柏油或水泥路，许多沙石路进入雨季后通行困难。2003 年内战结束后，利比里亚在世界银行、国际货币基金组织、阿拉伯国家基金等的援助下修复了一些公路。截至 2018 年，利比里亚全国约有公路 11 000 千米，其中全天候公路约 2 036 千米，柏油路约 739 千米。[2]

利比里亚为资源输出和消费品进口国，蒙罗维亚、格林维尔、哈珀、布坎南四个港口在国家经济生活中发挥着重要作用，其中蒙罗维亚自由港是最大的港口。布坎南港内战前主要用于运输铁矿砂和木材，现港口本身仍可使用，但装卸和仓储设施落后。

---

[1] 中华人民共和国外交部. 利比里亚国家概况 [EB/OL].（2023-01）[2023-02-25]. https://www.mfa.gov.cn/web/gjhdq_676201/gj_676203/fz_677316/1206_677994/1206x0_677996/.

[2] 中华人民共和国外交部. 利比里亚国家概况 [EB/OL].（2023-01）[2023-02-25]. https://www.mfa.gov.cn/web/gjhdq_676201/gj_676203/fz_677316/1206_677994/1206x0_677996/.

利比里亚是全球第二大方便旗船籍国。因注册方便、收费合理、监管宽松等，近年来注册利比里亚船籍的商船数量持续增加。船籍注册收入一直是利比里亚重要的财政来源之一，2008 年海事收入总额达到 1 400 万美元。[1]

内战前，利比里亚共有 47 个机场，其中大型机场 2 个。内战后，大多数机场设施被毁坏。位于首都的罗伯茨国际机场在国际社会帮助下得到修复。利比里亚现在没有自己的商业航空公司。截至 2022 年 3 月，国际航空业务主要由布鲁塞尔航空公司、肯尼亚航空公司等经营。[2]

四、医疗卫生

利比里亚的医疗卫生条件较差，主要依靠国际援助维持。全国约有 34 所医院和 469 家诊所，大约有合格医生 297 人（部分是国际组织和在利比里亚开办医疗机构的外国医生），护士 5 000 余名，总体上医务人员不足。截至 2020 年，医院、诊所等在内的全国卫生设施密度为每万人 2.1 个；每万人拥有医生 0.5 人，护士和接生员 19.5 人，牙医不到 0.1 人，药剂师 2.2 人。2019 年，利比里亚政府的卫生开支约占政府预算的 4%。[3]

利比里亚的主要传染病有疟疾、伤寒、拉萨热、黄热病、艾滋病等，其中疟疾和伤寒较为普遍，感染人数较多。2014 年暴发的埃博拉疫情使利比里亚公共卫生系统遭到沉重打击，医院停业和医务人员逃离躲避埃博拉疫情的情况严重。在世界卫生组织和国际社会大规模援助及利比里亚政府与医务人员的努力下，埃博拉疫情被成功控制。世界卫生组织的统计数据

---

[1] 驻利使馆经商处. 经济发展简况 [EB/OL].（2009-06-30）[2023-06-06]. http://lr.mofcom.gov.cn/article/ddgk/200906/20090606366958.shtml.

[2] 中华人民共和国外交部. 利比里亚国家概况 [ED/OL].（2023-01）[2023-02-25]. https://www.mfa.gov.cn/web/gjhdq_676201/gj_676203/fz_677316/1206_677994/1206x0_677996/.

[3] 资料来源于世界卫生组织官网。

显示，2020 年利比里亚 5 岁以下儿童的死亡率为 7.8%，2019 年 15—49 岁人群的艾滋病毒感染率为 2.1%，每十万人中的肝炎感染者为 510 人。因国际社会免费向利比里亚赠送大量蚊帐和灭蚊剂，疟疾感染率从 2005 年的 66%下降为 2021 年的 28%。[1]

五、新闻出版

利比里亚奉行新闻与言论自由政策。截至 2022 年，利比里亚的主要报纸有《每日观察报》《调查者报》《新闻报》《分析家报》《传统报》《非洲首页报》《国家纪事报》《新利比里亚报》等二十余种。除《新利比里亚报》为官方报纸外，其余均为具有政党背景或私人经营的商业性报纸。

利比里亚广播公司是官方广播电视机构，建立于 1960 年 1 月，其电视台于 1964 年开始播出。利比里亚广播公司的广播设施在内战中遭到严重破坏。目前，该公司下属的 ELBC 广播电台和 ELTV 电视台可覆盖首都及周边几个州。中国政府为该公司修复的覆盖全国的调频电台已于 2008 年投入使用。该电台转播英国广播公司和法国国际广播电台对非洲的广播节目，以及中国国际广播电台的英文节目。

其他较大的广播电台有星广播电台、真理广播电台和真项调频广播电台等。除星广播电台覆盖蒙罗维亚周边各州外，其余各电台均只能覆盖蒙罗维亚地区。

利比里亚首都蒙罗维亚有多家电视台，如利比里亚国家电视台、真实电视台、关爱电视台、能力电视台等，主要覆盖蒙罗维亚地区。南非数字卫星电视系统可提供英国广播公司、美国有线新闻网络等 100 多个电视频道。

---

[1] 资料来源于世界卫生组织官网。

利比里亚通讯社是利比里亚政府的官方通讯社，于 1979 成立。该社在利比里亚全国设有记者站，是利比里亚较有影响力的媒体机构。[1] 随着移动通信和网络技术的发展，利比里亚也诞生了一些提供新闻和娱乐的网络媒体。

利比里亚整个新闻出版业虽然日渐活跃，但无论是国有媒体还是政党和私人媒体，均面临着经费不足和设备技术落后的困难和问题。政府广播电台和新闻社坊在一定程度上依赖国际援助。

---

[1] 中华人民共和国外交部. 利比里亚国家概况 [EB/OL].（2023-01）[2023-03-10]. https://www.fmprc.gov.cn/web/zwjg_674741/zwsg_674743/fz_674747/200708/t20070822_7679863.

第二章 文化传统

第一节 历史人文

一、历史沿革

根据非洲历史学家的研究，现居住在利比里亚的土著民族是从苏丹西部撒哈拉南缘迁徙而来的，他们中包括说克鲁语的德伊人、贝尔人、巴萨人、克兰人、克鲁人和格雷博人以及说曼德语的马诺人、丹人、克佩尔人、洛马人、门德人、瓦伊人和曼丁哥人。这些族群从 8 世纪到 18 世纪一批接一批地向南迁移，到达今利比里亚地区。他们在这里从事农业种植和渔猎等生产活动，从沿海到内地均形成了一些由酋长领导的部落。[1]

1461 年，葡萄牙殖民者来到利比里亚，发现这里盛产谷物和香料，将其命名为"谷物和香料海岸"或"谷物海岸"。葡萄牙人收买当地酋长与他们一道抓捕和贩卖当地黑人到欧洲和美洲当奴隶。17 世纪，英国人与荷兰殖民者也来到利比里亚。

美国废奴运动兴起之后，社会上出现大批自由黑人。1816 年 12 月 28

---

[1] 资料来源于大英百科全书官网。

20

日，带有深刻种族主义歧视背景的美国殖民协会成立。1819 年 3 月，美国国会通过了由美国殖民协会提出的关于遣返自由黑人到非洲建立殖民地的法案，拨款 10 万美元到西非购买土地、建立定居点和安置从美国遣返的自由黑人。

1821 年，美国殖民协会等相关机构胁迫当地大酋长等签署了"出售"梅苏拉多角（长 225 千米，宽 64 千米）的契约，所付出的代价仅为 300 美元的毛瑟枪、火药、铁条、铁锅、珠子和香烟等。随后，他们于 1822 年 1 月初建立了第一个美国黑人移民点。1824 年 2 月，美国殖民协会依照拉丁文"自由"（Liber）一词，给这块殖民地正式命名为利比里亚（Liberia），将移民区取名为蒙罗维亚。

1822—1839 年，美国各州殖民协会陆续在大西洋西海岸建立了埃丁纳、巴萨科夫、密西西比和马里兰 4 个殖民区。1838 年，蒙罗维亚、新佐治亚和布坎南等 8 个移民区合并组成利比里亚联邦，由美国殖民协会委任白人总督托马斯·布坎南管辖。1841 年 9 月，约瑟夫·詹金斯·罗伯茨接任总督，成为第一任黑人总督。随着联邦的不断扩张，利比里亚独立的呼声日高。1847 年 7 月 26 日，代表们在蒙罗维亚发表《独立宣言》，宣告成立利比里亚共和国。这是非洲大陆的第一个共和国，原联邦总督罗伯茨成为首任总统。共和国初期仅有蒙特塞拉多、大巴萨和锡诺 3 个州。1854 年 2 月 4 日，马里兰共和国成立，并于 1857 年加入利比里亚，成为利比里亚共和国的第四个州。

1860 年，利比里亚的美国黑人移民建立真辉格党，并自 1869 年起执政百余年（1869—1980 年）。1979 年 4 月 14 日，因政府提高大米及其他日用品价格，蒙罗维亚数千民众上街示威游行，军警开枪镇压，造成 500 多人死伤，此次事件被称为"大米骚乱"。

1980 年 4 月 12 日，当地土著人发动政变，建立军政府，结束了真辉格党统治的时代，但也开启了 20 多年的政局动荡和内战时期。

2003 年 6 月 4 日，在西非经济共同体（以下简称西共体）斡旋下，利比里亚有关各方在加纳举行和谈。随后，西共体向利比里亚派出维和人员。10 月 14 日，利比里亚全国过渡政府正式成立。根据《全面和平协定》，利比里亚举行总统和议会选举。埃伦·约翰逊–瑟利夫最终胜出。2006 年 1 月，瑟利夫正式宣誓就职，成为利比里亚第 23 任总统，同时也是利比里亚和非洲历史上首位民选女总统。[1]

2017 年 10 月，利比里亚举行内战后的第三次总统大选，民主变革联盟候选人乔治·维阿在第二轮选举中赢得胜利，并于 2018 年 1 月就任利比里亚第 24 任总统。维阿总统上任后对内坚持民族和解政策，对外努力争取国际社会的援助和投资，将重建基础设施特别是建设更多公路作为优先发展领域。但因利比里亚自身造血能力缺失，国际社会的援助和投资受世界经济和大宗商品价格波动及新冠疫情暴发的影响不升反降，利比里亚的经济发展仍然举步维艰。

二、人文遗产

作为非洲最早建立的共和国，利比里亚曾经是西部非洲国家中拥有较多历史文化遗产的国家和休闲度假胜地。从 19 世纪 20 年代美国自由黑人返回利比里亚起，这些移民及其后裔就开始在利比里亚建设西式砖石建筑。这些建筑中的一部分得以长期保存，如具有历史文化和美学价值的利比里亚国家博物馆等。此外，百年纪念馆、肯德加传统艺术中心等也具有独特的地位。

---

[1] 资料来源于西非经济共同体官网。

（一）普罗维登斯岛

普罗维登斯岛是一个瓶形小岛，位于利比里亚首都蒙罗维亚附近梅苏拉多河中心。1821年，美国殖民协会换取包括该岛在内的利比里亚沿海1.33万平方千米的狭长地带，用作遣返获得自由黑人的土地。1822年1月，第一批美国黑人移民被美国殖民协会用船送到普罗维登斯岛，他们在岛上建立了临时定居点。当年当地酋长同美国移民协会在树荫下签署条约的木棉树仍静静地矗立在普罗维登斯岛上。现在，该岛已成为利比里亚娱乐和民间舞蹈表演的文化场所。2022年1月，利比里亚政府举行的纪念美国自由黑人返回利比里亚200周年纪念活动，就由时任利比里亚总统维阿在这里启动。[1] 经利比里亚历史文化学者和联合国教科文组织专家评审，普罗维登斯岛作为世界文化遗产名录的候选遗址已被推荐给教科文组织进行进一步评估。[2]

（二）利比里亚国家博物馆

利比里亚国家博物馆是一座19世纪风格的古老建筑，展示着利比里亚的文化民俗和历史坎坷。国家博物馆大楼始建于1859年，当时是国民议会参众两院的办公大楼，最初只有两层，1905年又加了一层，以容纳最高法院。后来，该楼还被财政部征用过。这座建筑物有英国乔治国王统治时期建筑风格的砖砌柱廊和美丽花园，是19世纪利比里亚最大和最典雅的建筑。利比里亚国家博物馆是根据1958年的国会法案建立的。1983年，利比里亚国会将这幢建筑移交给了国家博物馆。1986年改造工程完工后，国家博物馆正式迁入。[3]

---

[1] 资料来源于利比里亚总统府和美国驻利比里亚大使馆官网。

[2] 资料来源于联合国教科文组织官网。

[3] 资料来源于大英百科全书官网。

博物馆展示在人们面前的不仅有历史和传统艺术，还有现代艺术家的作品。博物馆还为学校举办教育项目，馆藏的艺术品也会被带到地方学校展出。博物馆还将一些馆藏品与文化活动制成录像带，既可供在博物馆内向参观者播放，也可供全国的电视节目播出。

内战之前，国家博物馆的收藏品有 3 000 多件，主要是面具、雕像、陶器、编织品，包括考古发掘的非常精美的陶瓷器皿、非常罕见的战袍以及绣着花边的酋长长袍等。内战时期，国家博物馆内值钱的文物大部分被抢劫，仅存 14 件艺术品，包括一面太重而无法搬动的战鼓和其他被遗弃的物品。绝大多数国家博物馆馆藏物品的照片也被毁坏，只有少部分幸免于难。内战后，国内外一些机构和组织协助博物馆进行恢复和重建。现在，人们能够在博物馆看到来自大巴萨州古老的通信工具——都帕大鼓。都帕大鼓那轻重缓急不断变化的鼓点曾将重要信息传遍部落。据说，现在利比里亚一些偏远部族仍在沿用这种信息传播方式。除大鼓外，人们还可以看到原始的祭祀面具，古代的战争盔甲，传统的纺织、印染工艺品和古老的土著乐器及现场演奏。

（三）百年纪念馆

1947 年，为纪念利比里亚共和国建国 100 周年，杜伯曼政府在蒙罗维亚修建了"百年纪念馆"。这一建筑曾经是西非地区的一个建筑杰作，里面有具有历史意义的纪念碑和纪念物，如利比里亚首任总统罗伯茨的就职纪念碑和杜伯曼总统的遗体等。[1]

纪念馆一层有一个能容纳上千人的会议大厅。利比里亚政府目前仍将纪念馆用作举行重大室内庆祝活动的主要场所之一。

---

[1] 资料来源于大英百科全书官网。

（四）肯德加传统艺术中心

肯德加传统艺术中心距首都蒙罗维亚约 16 千米，是一个用来保护和展示利比里亚传统文化艺术的村庄，隶属于利比里亚新闻、文化和旅游部。村庄建于 1964 年，以曾经居住在该地的一名瓦伊族首领肯德加的名字命名。除农场外，肯德加还为雕刻匠、织工和金属工匠等提供工作间，便于他们制作和展销艺术品。利比里亚国家文化剧团也在这里建立了自己的培训、排练和表演设施。许多利比里亚艺人都是从肯德加走向全国并成名的，包括歌唱家、剧作家、音乐家、诗人等。遗憾的是，绝大多数保存在肯德加的文献和展品都毁于内战。内战后，利比里亚政府积极致力于肯德加传统艺术中心的恢复工作，并取得了一定成效。[1]

第二节　风土人情

一、饮食文化

受自然、地理和历史条件影响，利比里亚土著民族中既有农耕民族，也有渔猎民族，还有从美国返回的黑人移民及其后裔，从而形成了丰富多样的民族饮食文化。饮食的多样性既反映了本土物产要素，也反映了外来文化对利比里亚饮食的影响，是一种混合的饮食文化。菜系有传统菜系、西方菜系、国外菜系和混合菜系等。

利比里亚的正餐通常包括鸡、鱼、牛肉等几道主菜，还有甜点、开胃

---

[1] 资料来源于利比里亚新闻、文化和旅游部官网。

菜和汤等。尽管食品种类多样，但大米依然是绝大部分利比亚人的主食。另一种很受欢迎的利比里亚主食叫"富富"，是一种由木薯做成的特殊食品。做好的富富上常浇满牛肉、番茄、洋葱、干鳕鱼、黑胡椒等制成的牛肉汤。利比里亚政府的招待会，通常也会准备富富米饭。人们还喜欢把鸡肉、虾肉、熏猪肉和培根切成片，与菜油、绿胡椒、洋葱、番茄、百里香、红辣椒、盐和姜粉一起煮成菜。[1] 利比里亚的汤里面通常有蔬菜、羊角豆、四季豆、鱼和肉等食材。炖芒果配上丁香是正餐后的水果点心，也可单独食用。

利比里亚的绝大部分主食和菜都少不了几种关键的食材：大米、木薯、棕榈油、菜油、鱼类、牛肉、羊肉、猪肉和胡椒、辣椒等。木薯是土著利比里亚人的主要食材之一，木薯叶子也被用来捣碎当作蔬菜烹饪食用。在大米短缺时，利比里亚人就用木薯代替大米。棕榈油是利比里亚传统烹饪的主要原料。在棕榈油短缺时，人们也使用菜油或其他进口的油料。炸芭蕉既被利比里亚人与米饭搭配食用，也被用作小吃。人们把芭蕉切成手指长的片，放在油锅里反复炸至深棕色，撒上盐就可以食用。利比里亚人喜欢食用烤制和油炸的食品，市场上经常能看到烤鱼摊和顶着塑料桶走街串巷售卖油炸食品的少年儿童。

利比里亚人也喜欢吃各种式样的面包和蛋糕。除西式面包和蛋糕外，具有利比里亚特色的大米面包和木薯蛋糕也很受当地人喜爱。制作大米面包的原料包括大米、植物油、肉豆蔻、香蕉、盐、水和油等。大米面包的保存方式如果恰当的话，可以放上一个星期。木薯蛋糕由木薯、鸡蛋、黄油、肉豆蔻、肉桂、面粉、牛奶、发酵粉、丁香和白糖等原料做成。这些原料与去皮的木薯混合在一起，然后切碎，晒干后再烘烤一个小时左右就能食用。

利比里亚人依然保留着某些饮食禁忌和传统。虽然城市人口的用餐方

---

[1] 资料来源于大英百科全书官网。

式大都已经西化，多用刀叉类餐具吃饭。但在家庭用餐时，绝大部分利比里亚人还是用手吃饭。很多菜只能用手吃，而且左手是不允许用来吃饭的，因为左手是用来清理厕所的。家里最好的盘子要用来给客人提供饭菜，这是当地招待客人的礼遇。利比里亚的穆斯林禁忌包括忌食猪肉，禁止喝含酒精的饮料等。出于宗教或仪式的目的，图腾崇拜或宗教仪式也禁食某些动物，比如，一些部族禁止食用猴子等动物。[1]

因受经济发展水平影响，利比里亚人通常在家做饭。餐饮店的顾客多为工薪阶层，他们大多没有时间做饭，抑或不愿在家做饭。人们熟悉的餐饮店大多很便宜，卖一些以木薯为原料的方便食品。

二、服装与配饰

（一）服装

同利比里亚的饮食一样，利比里亚的服饰同样反映了该国多民族和受外来文化影响的特性。

曼丁哥族长袍是利比里亚长袍中最为出名的一种。身着这种长袍和帽子的人大都是穆斯林。长袍是本土织造业的产品。人们用织机把当地的棉花织成大约10—12厘米宽、16米长的布条，然后把布条拼接成布匹，用来做男人的长袍和女人的包巾。布匹多为白色，有的也被染成靛青色，甚至更深的颜色。这些长袍配以大量的镶边或刺绣，可以设计出不同的款式。大的长袍宽到从一只手腕到另一只手腕，能够折叠起来挂在肩膀上。利比里亚的穆斯林男子前往麦加和麦地那朝圣时还会戴上宗教饰品，如挂在脖

---

[1] 资料来源于大英百科全书官网。

子上的披肩和戴在头上的穿孔小帽。身着这种朝圣服饰"哈吉"的穆斯林在社区内外都享有无上尊严。穆斯林妇女也会穿着具有特色的宗教服饰，她们通常穿着一件外套盖住上身，用一块布或两块布把腰部包起来，并遮盖头、脖子和耳朵。穆斯林男女的服饰都以白色为主。

利比里亚传统妇女常穿当地的上衣和裙子，披着披巾。在利比里亚的土著民族社区，把披巾缠绕在身上被赋予重要意义，对妇女而言这意味着神圣而又虔诚的新的一天的开始，能够把活着的和死去的家族成员都团聚在一起，是生命延续的表现。

全球化浪潮同样深刻地影响着利比里亚人的穿衣风格，青年人在模仿西方的同时，逐步形成了自己独特的穿衣风格。人们用在西非地区流行的扎染布做成各种休闲服装，如形状如同睡衣的宽大长袍。在城市居住的青年，特别是大专院校的学生喜欢穿牛仔裤和 T 恤，戴棒球帽。只有在正式场合，如大学毕业、工作面试、婚礼和葬礼等，利比里亚青年才会着正装。

因经济欠发达，人们收入较低，利比里亚年轻人和许多城市居民都会选择购买二手服装，尤其是牛仔裤、裙子、衬衫和运动鞋等。

（二）配饰

利比里亚人还喜欢佩戴各种饰品，比如项链、戒指、手镯等。金属首饰在利比里亚一直都非常流行，无论现代女性还是传统妇女，穿着正装时一定要佩戴饰品。她们根据自身的经济及社会地位佩戴金、银、铜饰品并选择进口或本地制作的鞋子，如曼丁哥族制造的精美皮凉鞋等。

利比里亚女性非常注重头发的样式和装饰，做头发不仅被赋予美学意义，而且还是一项具有社会和精神意义的事情。编发辫是妇女交往的重要途径，也是个体与社会和谐的标志。地位高的女性通常发型讲究，比如酋长的妻子参加正式活动前，通常要花很长时间做发型。年轻女性，特别是城市的年轻女性，经常光顾专业发型店，请发型师帮助她们编出更优雅的发型。利比里亚女士的发型多姿多彩：编成小辫、盘绕编织、反向编织等。近年来，利比里亚女性越来越把长发视为美丽的象征。妇女，尤其是城市妇女，还喜欢在辫子中添加假发。

三、婚姻与丧葬

利比里亚土著的婚姻制度受到性别角色和家庭生活的交互影响。对男性成员而言，婚姻是成熟的标志。婚姻并不只是夫妻之间的一张婚约，而是连接夫妻和与其有法定关系的亲属之间的纽带。婚姻一般涉及个人和财产权利的转让或交换。男方有权要求女方承担与婚礼相关的服务、婚礼用品的费用，并陪送嫁妆。作为交换，新郎及其家庭会以实物或现金方式支付和赠送女方聘礼。婚后，一切都归属于丈夫和他的父系家族。因此，瓦伊族谚语说：孩子属于他的父亲。

虽然利比里亚现行的婚姻法不允许法定婚姻外的第三方婚姻，但在现实中，事实上的一夫多妻现象仍然相当普遍。传统的利比里亚婚姻和家庭允许一夫多妻制。一些部族，如克佩尔族和格雷博族允许继婚，妻子在丈夫亡故后可嫁给已故配偶的亲属。[1]

一些部族的订婚和结婚都有固定的程序。首先是"接触"阶段，男子有了自己心仪的女孩之后，会正式告知父母。如果父母对这个女孩和她的家庭满意，他们就会进行下一步。接下来是"碰肩"阶段，在正式通知女方之后，男子就要直接向女孩求婚。此时，女孩被视为已与该男子订婚，不能再与其他追求者联系。第三阶段被称为"关门"阶段，此时男子需要

---

[1] 马保奉. 利比里亚习俗（礼仪漫谈）[N]. 人民日报（海外版）. 2019-09-14（5）.

向女方家庭做出承诺，愿意承担婚姻的所有责任。最后，在征得新娘父母的同意后，男方将向女方父母赠送金钱、食物和牲畜等。

葬礼在利比里亚所有部族中都是人们生命周期中非常重要的组成部分。伊斯兰教和基督教给利比里亚丧葬习俗带来了多方面影响。在死者下葬的前夜，基督教徒会在教堂仪式之后安排守夜活动。尸体被安放在棺材里，祈祷者守候在墓坑边，等待死者被埋葬。牧师会根据死者的年纪、死亡的方式以及家庭情况，对死者进行相应的祷告。祷告内容包含对基督教徒死后的希望、给逝者家属的安慰、赞赏死者生前取得的一些成就等。葬礼伴随着音乐，仪式结束后，人们还会举行娱乐活动。

穆斯林在举行葬礼时，会诵读《古兰经》。下葬时，死者被包裹在白色织物里。阿訇在墓坑旁主持下葬仪式，伴随着《古兰经》的反复诵读，死者被埋葬。

利比里亚的一些土著民族仍保留一些传统丧葬习俗，包括请巫师检查死因后根据死因举行不同的葬礼等。其中一项是在死者下葬前，亲属以亲吻死者尸体的方式向死者告别，这一习俗也是 2014 年埃博拉病毒暴发期间导致病毒快速传播的原因之一。经利比里亚卫生部门的大力宣传，一些部族已经不再坚持这一习俗。

四、风俗与节日

利比里亚人热情好客，受土著民族传统和外来文化影响，既保留了不少传统风俗习惯，也吸纳了外国礼仪。在洛法的贝尔族地区，人们在获得朋友帮助后，需要在第二天早上五点半去朋友家拜访以表达感谢。如果没有这样做，人们就会认为这个人忘恩负义。

利比里亚人初次见面总要寒暄几句，互相问候，然后才谈正事。利比里亚人发展出了一种常用的利比里亚式握手方式：用自己的大拇指和中指勾住对方的中指，双方一道合力摩擦拉开并弹出响声，以示友好。利比里亚人习惯将比自己年龄长、地位高的人称为大哥，以表尊敬。

利比里亚人在社交生活中有一些禁忌，例如，不要用左手和别人打招呼或者传递东西。这是由于利比里亚人在上厕所时会用左手使用卫生纸，因此用左手握手或打招呼被视为对他人不尊重。

因受基督教和伊斯兰教的双重影响，加之纪念性节日等，利比里亚的节日较多，主要有1月1日的元旦、2月11日的建军节、3月第二个星期三的扫墓日、3月15日的利比里亚第一任总统罗伯茨诞辰纪念日、4月第二个星期五的祈祷日、5月14日的国家统一日、7月26日的独立日、8月24日的国旗纪念日、11月29日的杜伯曼总统诞辰纪念日、12月25日的圣诞节等。其中独立日、国旗纪念日、建军节是较为重要的节日。独立日是荣誉、自豪和坚忍不拔的象征。利比里亚几乎每年都会举行独立日庆祝集会、盛大游行、舞会和演说等，有时还会邀请外国贵宾出席。利比里亚总统常常利用这一机会对全国发表演说并接见民众代表。在国旗纪念日这一天，全国各地要在早6点到晚6点升起利比里亚国旗。小学生无论下雨还是晴天都要举行游行活动。这一天适逢利比里亚的雨季，如果天气不是特别糟糕，蒙罗维亚体育场还要举行体育活动。每年的建军节，利比里亚国防部会举行庆祝活动，邀请总统和外国驻利比里亚的使节和武官参加阅兵式。

五、音乐与舞蹈

音乐和舞蹈是利比里亚人社会生活的重要组成部分，反映出人们在社会、传统风俗习惯、宗教和日常生活等方方面面的特色。例如，在生日会、婚礼、节日和葬礼等特殊场合，都有音乐的演奏和伴奏、伴唱与伴舞等，形式多样，包含声乐的重复、多旋律、吠叫声和问答等。在总统向公众发表讲话时，也会有一名号角手不时在其讲话的间隙吹响号角。这也是多数利比里亚人从小就能歌善舞的重要原因。利比里亚的音乐和舞蹈同样展现了利比里亚本土和外来文化影响，以及灵感来源的多样性。

利比里亚的每个族群都有一套属于自己的音乐和舞蹈，包括适合不同场合的曲目。这些歌曲的歌词展现了家族或者社会的历史变迁情况，记录了家庭和民族群体等大型社区的兴衰演变。出生、死亡、运动、世俗和宗教教育以及民间故事的传播，都有与之相对应的音乐和舞蹈。例如，从事农业的门迪族和瓦伊族的稻米歌舞，从事狩猎的戈拉族的狩猎歌舞等。

在酋长领导的社区，音乐和舞蹈还得到政届和酋长的支持。在这些社区内，通常会有专门的部族乐师。所以，人们常会在酋长的随从中发现穿着豹纹服饰、佩戴贝壳等饰品的音乐家。这些土著音乐家的乐器主要有葫芦摇鼓、臼、裂痕鼓、铃铛、木琴、长笛、侧吹号角、拨浪鼓、手卷钢琴"康高巴"，以及从外国传入的吉他、班卓琴、手风琴、六角风琴、铜管乐器等。由于音乐和舞蹈在部族生活中的重要作用，音乐家成为家族承袭的职业，并且深受人们尊重，社会地位比铁匠、纺织者和雕刻家还高。

在利比里亚，本土和现代的音乐舞蹈共存。以克鲁族为例，传统本土音乐融入现代元素后，取得了令人满意的效果。克鲁族棕榈酒吉他风格音乐是原汁原味的非洲音乐的创新之作，它源于非洲独特的两指弹奏吉他的方式。现在这种风格的音乐在整个西非地区非常流行。

自 20 世纪 60 年代以来，以加纳舞曲、美国爵士乐和古巴黑人音乐为代表的国外流行音乐在利比里亚的影响力持续上升。乔·沃伊、杰克·迪、纳赛尔·苏凯等音乐家融合多种音乐，创造出自己独特的节奏和韵律，将利比里亚音乐发扬光大，被利比里亚政府任命为文化大使。

第三节 民族文字与文化名人

一、民族文字

利比里亚文化史上较为重要的事件之一是一些土著民族不仅有自己的语言，而且还创造了文字。据说，在大约公元前 500 年产生了巴萨文。巴萨文中的"瓦赫"意为"启示"，表示借助符号传达信息。他们通过放在重要位置上的树叶齿痕传递信息，接收人会读取和理解树叶齿痕所代表的含义。他们还通过雕刻树皮传达信息。这种原始的标记语言后来演变成为一门复杂的书面文字。

根据口述历史资料，巴萨文被西方奴隶贩子贩卖到美洲的巴萨族奴隶迪拉赫和他的伴侣托曼女士带到美洲，他们的儿子詹尼·迪拉赫继承发展了巴萨语并代代相传。后来一位出生在利比里亚的巴萨族人弗洛·刘易斯在利比里亚发起了一场复兴巴萨文的运动——"艾尼卡瑟法"，并成立了研究"瓦赫"的机构，并以巴萨文出版报纸和世俗文学与宗教文学作品。20 世纪 70 年代初，利比里亚教育部正式承认巴萨文是本土语言文字，并将巴萨文纳入利比里亚大学课程，但缺少教授这门课的教师和学者。[1]

相比之下，瓦伊文比巴萨文更有名。瓦伊文对利比里亚甚至对整个非洲文字的多样性都做出了巨大贡献。人们普遍认为这种文字是由一个名叫莫莫卢·布克莱的青年男子创制的。布克莱早年居住在利比里亚海岸。在那里，他体验到文字的力量，并利用瓦伊人的语言创造了瓦伊文字。1819年，布克莱从利比里亚海岸返回家乡松杜伊，与朋友一道建立了一所学校并教授瓦伊文，引起人们的广泛兴趣。后来，另一位著名的瓦伊族人莫莫

---

[1] 资料来源于维基百科官网。

卢·马萨奎将瓦伊文发扬光大。1963 年，利比里亚大学启动了瓦伊文字的保存研究工作。[1]

瓦伊文字既使用了瓦伊人的口头语言，又借用了源于伊斯兰教的阿拉伯文字和源于基督教和西方文明的罗马文字。瓦伊文是声母和韵母结构，但它采用音节而不是字母来表示单词。人们通过凸显某个单音节或多音节的方式来表达词语在某一情境中的含义。这意味着人们必须精通这门语言才可以熟练地使用它。20 世纪 80 年代，瓦伊文已形成稳定和广为接受的字母系统，并成为当地的通用语言。瓦伊文曾被用于商业和个人通信，包括商业记账和勾画工程图等。农民、工匠和商人用瓦伊文从事生产和商业活动，其他人则用它记录家庭或部族历史、格言和民间故事，甚至还有一些宗教组织用瓦伊文书写章程及细则。穆斯林和基督教传教士也利用瓦伊文在利比里亚传教。穆斯林教师将阿拉伯文翻译成瓦伊文以方便教学，同时基督教青年会创办的报纸也设立了瓦伊文版的时事通讯专栏。

利比里亚本土文字的创制和使用既体现了当地土著民族天才的创造力，又体现了西方和阿拉伯文字的间接促进作用。遗憾的是，利比里亚的本土文字未能在更大地理和文化范围内得到广泛应用。

二、文化名人

利比里亚各个民族都拥有世代口口相传的民间文学。文学题材主要是各民族的始祖和伟大武士的传奇，家庭和民族起源的神话，火、雷、电、太阳、月亮与星星的传说，以及警世寓言等。绝大多数民间文学与《伊索寓言》里的故事很相似，许多故事的主角是动物和昆虫。

---

[1] DALBY D. A survey of the indigenous scripts of Liberia and Sierra Leone: Vai, Mende, Loma, Kpelle and Bassa[J]. African language studies, 1967, 8: 1-51.

一些用利比里亚土著民族文字记录的民间文学作品已经被翻译成英语，并由利比里亚政府社会习俗局和私人出版。这些民族神话和口头传说文学，为研究非洲特别是利比里亚历史和文化的学者提供了有益的参考资料。

（一）拜·摩尔

拜·摩尔（1916—1988）是一位杰出的小说家、散文家和民俗学家，被公认为当代利比里亚英语文学之父。他早年在美国接受农业科学方面的教育，回国后成为利比里亚的政府官员。他曾担任联合国教科文组织的项目主管，卸任后，被杜伯曼总统任命为负责文化事务的副国务卿。摩尔用瓦伊文写的诗集被文学史专家称赞为非洲文化的一大成就。摩尔的父亲是瓦伊族人，母亲是戈拉族人，因此摩尔精通这两种语言。他曾写下一首诗来描写他对家乡的印象。这首诗将一个海外游子努力工作、心系非洲故土的情怀表露无遗。诗的其中一节内容如下：

> "去告诉我的母亲
> 带着我的绿根罐
> 去我要前往的博米
> 在那里我要努力工作
> 用汗水坚持到底"[1]

摩尔的作品也真实地体现了利比里亚本土文化的底蕴。早在20世纪50年代，他的诗歌就被翻译成多国语言，并被收录入多本国际诗集。摩尔的文学作品涵盖了利比里亚人城市和农村地区的日常生活，甚至超越非洲

---

[1] 资料来源于大英百科全书官网。

范围，展现了他的国际经历和视野。他的文学作品反映了大众的艰苦劳作、宗教偏见和虚伪、不求回报的爱、两性关系、唯物主义和世界和平等内容。

摩尔的诗集《山谷回声》和《乌木屑》被认为是对世界文学的重要贡献，诗集中的一些诗曾在德国和意大利出版。他的诗集《草根》中收录的方言诗《蒙罗维亚集市妇女》，生动地描述了利比里亚妇女们在内战前抗争的情境，这种场景在今天仍然存在。他还写作并出版了《木薯片里的谋杀案》《钱生钱》《非洲故事树剪辑》等小说和民俗故事集，并与詹加巴·约翰逊合作制作了广播和电视系列节目"利比里亚的传说和歌曲"，从 1964 年开播，每周日播出，连续播了 260 次。[1]

（二）爱德华·布莱登

19 世纪初，利比里亚英语文学随着西方文字的传播得到蓬勃发展，爱德华·布莱登（1832—1912）是那个时代最著名的学者和作家。布莱登曾做过《利比里亚先驱报》的主编，他把报纸办得更像是文学期刊而非新闻类报纸。后来，布莱登被聘任为利比里亚大学的教授。

同时，布莱登还是一位政治家。他三度担任利比里亚国务卿和驻英国大使，对解决黑人的困境有许多开创性的理念。这些理念又成为一批泛非主义作家和思想家的思想源泉，如马库斯·加维、加纳国父弗朗西斯·恩克鲁玛、尼日利亚首任总统本杰明·阿齐基韦、几内亚国父艾哈迈德·杜尔和著名学者谢克·迪奥普等。因而，布莱登被视为当之无愧的泛非主义之父。布莱登提出了一个强有力的主张"非洲发展要走一条自治的、以非洲为中心的道路"。他还开创了非洲是西方文明摇篮的学说：非洲，特别是埃及，是西方文明的发源地，希腊、罗马则是连接尼罗河流域古老的非洲

---

[1] 资料来源于大英百科全书官网。

文明和现代欧洲文明之间的纽带。他非常欣赏非洲本土的宗教和传统，反对西方支持的基督教。他的著作《基督教、伊斯兰教和黑种人》反驳了那个时代的所谓"拯救非洲需要依赖西方国家及其主导的文化"的思想。[1]

（三）埃伦·约翰逊–瑟利夫

埃伦·约翰逊–瑟利夫（1938—）是利比里亚政治家和经济学家。她曾任世界银行、联合国开发计划署等国际机构的高级官员。2006 年 1 月 16 日，瑟利夫就任利比里亚总统，成为利比里亚和非洲历史上首位民选女总统。因对利比里亚和平重建和妇女权益的贡献，瑟利夫与利比里亚的莱伊曼·古博韦和促进民族和解和维护妇女权益的也门的塔瓦库尔·卡曼共同获得 2011 年度诺贝尔和平奖。

担任总统期间，瑟利夫利用其既了解利比里亚国情，又熟悉国际事务，特别是金融工作的优势，积极推动利比里亚的民族和解与和平重建工作。

为防止参与内战的各派别领袖利用民族和地区矛盾再次煽动民族冲突，瑟利夫鼓励他们放下武器安心通过和平方式参与国内政治的策略。她顶住国内外要求利比里亚政府建立审判内战领导人法庭的压力，促进国内各派别之间和解，缓解民族与地区矛盾，为利比里亚内战结束后的长期和平稳定奠定了基础。在其影响下，继任总统维阿也继续坚持这一政策。

瑟利夫利用其从事国际事务的丰富经验，坚持亲美但不完全站在美国一边的外交政策，积极争取联合国、世界银行、国际货币基金组织、中国与阿拉伯国家等多方支持。在瑟利夫努力争取下，利比里亚总计 46 亿美元的外债被免除。[2] 到 2011 年时，利比里亚彻底还清全部外债，一度成为非洲唯一不欠外债的国家。

---

[1] 资料来源于维基百科官网。

[2] 资料来源于国际货币基金组织官网。

瑟利夫认为，利比里亚的未来和平与发展离不开对人才的培养。她十分重视文化教育的恢复重建和发展工作，在担任总统期间修复和新建了大量中小学、大学和职业教育学校和学院，使利比里亚的文化教育事业走上正常化道路。同时，瑟利夫积极维护利比里亚妇女的合法权益，大力促进妇女参加政治、经济和社会活动，大力推进维护妇女权益的立法和行政工作，通过创立瑟利夫基金会帮助大量女商贩学习文化和经商知识。2018 年 1 月卸任后，瑟利夫发起成立埃伦·约翰逊-瑟利夫总统妇女和发展中心，致力于从事促进人类和平进步和妇女儿童权利保护的事业，并被聘任为多个国际机构的顾问。2018 年 4 月，瑟利夫荣获易卜拉欣非洲领袖成就奖。2018 年 10 月，纽约联合国协会授予她推动实现持续发展目标荣誉奖。2019 年 5 月，世界卫生大会授予她世界卫生组织亲善大使称号。[1]

瑟利夫于 2010 年出版了自传体回忆录《这个孩子将成为伟人：非洲第一位女总统的非凡人生》。该书出版后受到各界一致好评，被翻译成中文并于 2014 年在中国出版。

（四）莱伊曼·古博韦

莱伊曼·古博韦（1972—）出生于利比里亚中部，为求学搬到首都蒙罗维亚。1989 年内战爆发时，17 岁的古博韦高中刚毕业。她原本打算学医，但战争毁了她的上学梦，却也触动了她弥合民族和宗教矛盾，让女性联手发挥作用推动男性放弃暴力和战争的理想。

2002 年，古博韦组建了"利比里亚妇女和平运动"组织。该组织动员包括基督徒和穆斯林在内的妇女从事祈祷和平与非暴力抗议活动。在其领导下，妇女们与时任总统查尔斯·泰勒举行会谈，促使泰勒参加在加纳举

---

[1] 资料来源于埃伦·约翰逊-瑟利夫总统妇女和发展中心官网。

行的和平谈判。随后，古博韦率领一个妇女代表团到加纳继续进行促进停战的活动。古博韦还与利比里亚妇女倡议和平组织主席康福特·弗里曼一起组织了妇女和平建设协会，向利比里亚各武装力量表达妇女反对战争的愿望，为利比里亚内战的结束做出了贡献，并影响到其他非洲国家的妇女组织。

因为取得的出众成就，古博韦成为 2008 年纪录片《祈祷恶魔回归地狱》的主角。该片在发生内部冲突的非洲国家发挥了动员妇女为和平与安全而请愿的重要作用。此外，古博韦还出版了名为《我们不是弱者》的一本书，讲述她推动和平进程的经历。2011 年 10 月，诺贝尔和平奖委员会将该年度和平奖授予古博韦、瑟利夫和塔瓦库勒·卡曼。[1]

---

[1] 资料来源于维基百科官网。

第三章 教育历史

利比里亚的教育历史大致可分为第一共和国之前的教育、第一共和国时期的教育和第二共和国的教育三部分。利比里亚的教育思想和教育体系等深受土著传统文化习俗、伊斯兰教和基督教教育理念与美国现代教育体制的共同影响。

第一节 第一共和国成立之前的教育

一、土著民族的传统教育

利比里亚土著民族的家庭和民族观念极强。一个大家庭由若干个有亲缘关系的家庭组成，通常由男性家长负责领导并协调家庭内外事务。居住在一个地区的若干家庭组成一个部族，由酋长领导并协调部族的内外事务。若干部族组成一个民族，由大酋长领导和协调民族的内外事务。民族和部族的酋长、巫师、手工艺人等大都在家族内传承或公推。

这些家庭、部族和民族都是组织性较强的单位，其作用是保证族内成员的生活供给、人身安全不受外界侵犯，以及教授生活技能、传承文化习俗并为自身利益服务。土著民族的家庭、亲属、邻里长辈、部族和民族领袖等都负有教育本民族后代的职责和义务，除家庭内耳濡目染和口传心授等日常教育外，一些部族和民族还发展出类似学校的传统教育机构。其中类似于现代教育机构的"丛林学校"就是较为有名的代表。

很多部族的成员长到十三四岁时会按男女分到名为"波罗会"和"桑德会"的丛林学校中，接受成年后独立生活时必需的各种生存生活知识和部族与民族习俗的教育与训练。在此期间，学生与教师一起住在封闭的场所。教育的内容除自然神灵、祖先和图腾崇拜等民族历史和传统、社会行为准则与宗教习俗礼仪外，还包括德育、智育和体育教育。[1]

德育主要是进行毅力、团结精神和伦理观念方面的教育。丛林学校的孩子们进入"圣林"的第一个夜晚，要围着篝火唱歌直至天亮。第二天一早，他们开始分组劳动，即使任务繁重，天气恶劣，也都必须完成任务。这些做法旨在使孩子们养成艰苦劳动、不畏困难的精神。为了培养团结意识，学校会让孩子们在丛林中最神圣的地方排列成行，把植物纤维缠绕在脚趾上，以示他们被联结在一起。仪式的主持者向神灵祈福，并要求他们永远彼此保持紧密联系。此外，丛林学校还对学生进行伦理观念方面的教育，包括怎样对待长辈和酋长、怎样处理夫妻关系以及其他各种亲属关系等。[2]

男孩们的智育学习内容主要包括耕种渔猎、盖房筑路、手工技艺、医疗药物、拼搏作战、部落历史以及唱歌、跳舞、雕刻等；女孩们主要学习烹饪、编席子、药物、怀孕、分娩、养育婴儿等方面的知识。丛林学校还向孩子们教授部族的法律知识，方法是举办模拟法庭，法官、被告、原告等各种人物都由孩子们扮演，整个审判程序都是现实生活的再现。训练结束时，要举行艰苦的比赛或考验，以检验受训学员是否成熟、是否为作为

---

[1] 资料来源于大英百科全书官网。

[2] 资料来源于诺帝艾克非洲新闻网站。

成年人进入社会做好了准备。[1]

丛林学校特别重视孩子们体质方面的锻炼，因为在炎热多雨和动物出没的自然环境中生活，没有能够抵御各种疫病侵袭的强壮体格和应对野兽的能力是无法生存和获得食物的。因此，学校安排孩子们练习攀登、翻筋斗、跳跃、搏斗和渔猎，让他们在急流中游泳，在骄阳下或暴雨中完成特定的任务等。

丛林学校对学生的训练丰富多彩，是对部族成员的普及性教育，目的是使进入青春期的孩子们在思想、智能、体质等方面能够适应在当地自然和社会环境中生存和生活，为部族的发展做出贡献。丛林学校的学制长短不一，一般是在旱季开始的时候入学，在雨季到来、着手农耕的时候结业；也有持续数年之久的，如克佩尔人的波罗会为期4年，桑德会为期3年。现在，以波罗会和桑德会为代表的传统教育体系仍存在于偏远地区土著民族中，但根据政府的要求，多数丛林学校只在正规学校的假期期间开办几周。[2]

二、伊斯兰教育

18世纪前后，穆斯林商人进入利比里亚定居。之后，他们一边从事商业活动，一边建造用来做礼拜、教授阿拉伯语和伊斯兰教仪轨的清真寺，传播伊斯兰教、阿拉伯语、阿拉伯文化与伊斯兰教育。

最初进入利比里亚的穆斯林既是商人，又是教师。随着信奉伊斯兰教人口的不断增长和清真寺数量的增加，专职的伊斯兰教神职人员"卡拉莫科"的数量也不断增加。他们为了传播伊斯兰教而积极接近当地酋长和权

---

[1] 资料来源于诺帝艾克非洲新闻网站。

[2] 资料来源于维基百科官网。

贵，动员他们信奉伊斯兰教，并将他们的孩子送进清真寺附设的古兰经学校学习。很多贫穷家庭自愿将孩子送们进古兰经学校，因为他们几乎不用支付学费，还既能学习阿拉伯语和阿拉伯世界的文化与经商知识，又能部分解决吃饭问题。

在古兰经学校，卡拉莫科将字母表写在每个孩子的便携式黑板上，还让学生跟着通读《古兰经》。[1] 古兰经学校分为高低不同的年级，学生们学习《古兰经》要经过四大阶段，每个阶段告一段落时，都要由学生的父母为师生提供一顿带有仪式性质的大餐。古兰经学校要求学生能够阅读、背诵，进而理解、解释和应用《古兰经》，还要求高年级的学生承担帮助低年级学生学习的任务，并期望优秀的学生把《古兰经》翻译成他们的母语，并向家人和族人传播伊斯兰教。

《古兰经》教学是一项长期艰巨的任务。一般来说，孩子们需要经过长达 11 年的学习才能达到预期的熟练程度。之所以要花费这么长时间，一方面是因为学生要完成自己的学业，另一方面是他们要花一半的时间在卡拉莫科的农场干活。在课程结束后，优秀的学生可以熟练地掌握整个《古兰经》。[2]

由于包括利比里亚在内的西非地区穆斯林人口占有一定比重，阿拉伯和伊斯兰文化在商业及日常生活中都具有一定的实用价值，因此清真寺所办的学校数量虽然不如基督教会办得多，但一直在利比里亚的教育体系中占有一席之地。

---

[1] 资料来源于大英百科全书官网。

[2] 资料来源于大英百科全书官网。

第二节　第一共和国时期的教育

一、美国黑人移民引入的美式教育

19世纪20年代美国黑人移民的到来，标志着以美国为主的西方文化教育开始了在利比里亚的本土化进程。尽管从美国移居利比里亚的黑人移民中很少有人接受过正规教育，但他们因受到在美国生活的影响，深信他们的孩子将来要想出人头地、事业有成，必须依靠教育。因此，美裔移民来到利比里亚不久就开始在定居点建立小学和中学。并且随着教会的建立，由教会创建的中小学数量也开始增多。

在起始阶段，美裔移民建立的这些学校主要提供小学和中学教育，以便使接受教育的人最终能在办公室里工作或学习诸如法律和神学之类的专业。1822—1839年，仅有基督教会和私人开办的小学。1839年，美国联合卫理公会教堂传教士梅尔维尔·考克斯在蒙罗维亚创办了蒙罗维亚神学院和附属中学，这既是利比里亚最早的中学，也被认为是整个非洲大陆最古老的美式中学之一。1897年，该校校长亚历山大·坎姆佛对学院进行重组，并更名为西非学院。西非学院除提供牧师学位培训课程外，也提供高中和大学预科及学位教育。1904年，利比里亚立法机构通过一项法律，正式承认西非学院为教会教育机构。[1] 该学院为利比里亚培养了不少人才，其中包括前总统瑟利夫和前副总统约瑟夫·博阿凯。

在很长一段时间里，美国黑人移民精英统治集团将教育作为维持他们在政治和社会经济中的主导地位的手段，他们压制土著民族参与国家政治生活权利和社会经济活动。后来，为了向土著民族传播基督教以及拉拢土

---

[1] 资料来源于维基百科官网。

著上层权贵，从 19 世纪中叶开始，一些基督教会创办的学校在招收美国移民子女的同时，也开始招收一些土著民族的子女。1865 年，美裔利比里亚传教士丹尼尔·韦尔在罗伯茨港建立了一所小学，用英语教育一些瓦伊族的儿童，成为笫一所招收土著民族学生的学校。

1912 年，利比里亚通过了义务教育法案，建立了中央教育制度。该法案规定，国家为 6 至 16 岁的儿童提供免费教育，但只覆盖沿海 5 个州，主要服务于生活在那里的美国黑人移民及其后裔。1929 年，布克·华盛顿学院成立于马及比州卡卡塔市，是利比里亚第一所农业与职业学院。美国人詹姆斯·西博雷担任首任院长。该院院长一直由白人担任，学院董事会也由美国人掌管，董事会会议在纽约召开。直到 1953 年，利比里亚政府才接管学院的管理工作。[1]

从第一共和国成立到威廉·杜伯曼总统上台执政这段时间内，利比里亚全国的私立和教会学校占总体的三分之二以上。在大多数情况下，教会学校提供的正规教育仅限于小学，仅有少数学院设有中学。利比里亚黑人移民的上层家庭往往把孩子送到临近的欧洲殖民地或欧美国家接受中等教育，主要原因是本地的中学教育水平和名气都不高。

二、杜伯曼执政后美式教育的普及

连续执改 27 年的杜伯曼总统于 1944 年 1 月就职。杜伯曼政府积极吸引外国投资，刺激经济增长。20 世纪 50 年代，利比里亚的经济增长速度稳居世界第二位，1950 至 1960 年的年均增速高达 11.5%，国内生产总值从 20 世纪 50 年代的不到 3 600 万美元增长到 1969 年的近 4 亿美元。到 1971 年杜伯

---

[1] 资料来源于维基百科官网。

曼去世时，利比里亚已经成为世界上拥有最大商船队的船籍国、最大橡胶生产国和第三大铁矿石出口国。[1]

为缓和移民后裔与土著民族的矛盾，杜伯曼政府利用快速增长的财政收入推进民族和解政策，开始将土著民族纳入政府教育体系。为培养发展经济所需要的具有一定知识和技能的劳动力，政府将加强职业教育作为一项重要内容写入《1946—1950年五年发展计划》，并于1948年在全国范围内启动扫盲计划，提出"一人教一人"的口号。在政府倡导下，利比里亚人的识字率很快得到较大提高，男性的识字率从13%上升到34%，女性的识字率从5%上升到17%。[2]

1949年，政府决定恢复被关闭的卡廷顿学院。1951年，政府颁布法令将利比里亚学院改组为利比里亚大学，并持续增加对大学的拨款。1956年，政府颁布了第一部关于教育的法律——1956年教育法，并建立教育部。为了满足向全国推广美式教育的需要，政府还在20世纪60年代初分别在马及比州的卡卡塔、洛法州的佐尔佐尔和吉河州的威博创办了三所农村教师师范学院，为全国特别是农村地区的学校培养教师。与此同时，杜伯曼还提出了早日建立医学院以培养利比里亚自己的医生的设想，并积极寻求外国支持，得到梵蒂冈和意大利多格里奥蒂基金会的响应。1967年，医学院建成，并于1970年并入利比里亚大学。

1961年，政府根据多年的办学传统，正式确立包括学前教育（4—5岁儿童）、小学教育（6—12岁儿童）、初中教育、高中教育和高等教育在内的现代教育体制。为使利比里亚高中毕业生符合西非地区大学和英国部分高等院校承认的入学资格，利比里亚于1974年加入了西非考试委员会，规定高中生毕业时必须参加由西非考试委员会组织的考试。

---

[1] 资料来源于世界银行官网。

[2] 资料来源于联合国教科文组织官网。

　　总体上看，利比里亚的教育事业在杜伯曼总统执政时期取得了较为显著的进步。1944 年，利比里亚全国只有 187 所学校、235 名教师和约 1.2 万名学生。1958 年，利比里亚全国学校的数量增加到 620 所，教师增加到 1 812 人，学生增加到 5.4 万人。为纪念杜伯曼对发展教育事业的贡献，杜伯曼出生地的马里兰州人民于 1978 年通过捐献土地的方式与利比里亚政府合作创办了威廉·杜伯曼技术学院（现称威廉·杜伯曼大学）。[1]

　　虽然利比里亚的总体入学率有很大增长，但 1974 年的人口普查显示，仍有 37% 的成年美国黑人移民后裔没有接受过正规教育，而土著成年人中未接受过正规教育的比例高达 83%。[2] 适龄儿童和青少年接受正式教育的比例也存在严重的城乡、地区和性别差距，城市和沿海地区适龄儿童和青少年的入学率远高于内地和偏远农村地区的入学率，男性的入学率远高于女性的入学率。1979 年之前，政府未建立中小学教师任教资格认证制度，大量不合格教师充斥学校，教育质量难以得到保障。政府建立的教师师范学院虽然培养了不少教师，但仍满足不了学校增加和取代不合格教师的需要。1980 年后，随着教师资格证书协调机构的建立，各师范院校开设了在职教师资格培训专业，中小学的教育质量开始明显提高。

　　利比里亚虽然模仿美国的教育模式，但也根据国情发展出自己的一些特色，比如，利比里亚的初中和高中教育主要偏重于自然科学和数学；建校较早的高中还提供职业、农业和商业教育；一些跨国公司在它们所办的特许学校里提供机械和电工方面的培训，以为企业培养技术员和技术工人。

---

[1] 资料来源于威廉·杜伯曼大学官网。

[2] 资料来源于联合国教科文组织官网。

第三节 第二共和国时期的教育

一、政治动乱和内战对教育的破坏

1980 年 4 月 12 日，利比里亚军队的克兰族军士长塞缪尔·多伊发动军事政变，推翻威廉·托尔伯特总统领导的政府并建立军政府，多伊任人民拯救委员会主席。政变虽然结束了由美国黑人移民后裔对利比里亚 100 多年的统治，但也开启了 20 多年的政局动荡和内战时期。

1985 年 10 月 15 日，多伊当选总统。1989 年，泰勒率兵攻入利比里亚，利比里亚陷入全面内战。在西共体干预和斡旋下，利比里亚于 1997 年举行大选，泰勒当选总统，但各派之间的武装冲突并未停止。2003 年 8 月，泰勒宣布辞职，原副总统摩西·布拉任临时政府总统。10 月，利比里亚各派组成以布赖恩特为主席的全国过渡政府。[1]

虽然政局动荡和内战不断，但为争取民心和国际社会的承认与支持，多伊和泰勒领导的政府也制定了一些关于教育的政策和法律。多伊政府 1981 年 10 月颁布了第 56 号法令，宣布建立技术和职业教育与培训全国委员会；1986 年颁布了宪法，宣布向所有公民提供平等的教育机会并赋予使用教育设施的权利。泰勒政府于 1989 年通过了建立国家高等教育委员会的法案，2001 年制定了 2002 年教育法。

总体上看，长期的政治动荡和内战给利比里亚教育带来巨大灾难。超过 80% 的 6 至 17 岁学龄儿童和青少年要么被各武装派别强征入伍，要么流离失所。2003 年利比里亚临时政府的教育部与联合国儿童基金会对教育的评估发现，20% 的学校被完全摧毁，其余 80% 的学校急需修复，仅 26%

---

[1] 中华人民共和国外交部. 利比里亚国家概况 [EB/OL]. [2022-04-05]. https://www.mfa.gov.cn/web/gjhdq_676201/gj_676203/fz_677316/1206_677994/1206x0_677996/.

的学校有供水，35% 的学校有厕所，公立小学学生中仅 24% 的学生有课桌和椅子，许多教室没有黑板，也没有教师桌椅。因 1989 年后就再未修订和印刷过教科书，各级学校课本奇缺。[1]《2010 年教育行业计划》的数据显示，直到 2007 年，各级学校缺少教材的情况仍十分严重，公立学校的小学生与课本的比例为 27∶1，即每个班仅有 1 到 2 册课本；公立中学的 9 名学生只有 1 册课本。[2]

内战使多数大学受到破坏，其中卡廷顿大学学院在内战初期就遭到泰勒领导的武装部队的践踏，一度还被用作军事训练基地。利比里亚大学的大部分教室、办公室、实验室和旧校区都遭到多伊手下士兵的破坏，图书馆遭到劫掠。1991 年全国爱国阵线攻打蒙罗维亚时，位于蒙罗维亚城外的利比里亚大学的芬德尔校区遭到严重破坏，残留下来的建筑物框架变成了难民中心。由美国人创办的布克·华盛顿学院在 2003 年内战结束时，是全国唯一一所仍在开放的学院。

内战不仅造成大量合格教师流失，而且导致教师培训完全中断，所有的教师师范学院和培训机构都受到破坏，完全丧失了对教师的培训能力。直到 2007 年，农村教师师范学院仍无法对教师开展培训。因而，多数继续招生的学校的教师，特别是合格教师严重短缺。利比里亚教育部 2004 年的统计数据显示，中小学的多数教师缺少相应资格，只有 6.5% 的教师受过大学或更好的教育，28% 的教师拥有教育部认证的教师资格，65% 的教师未获得过中学以上的教育。[3]

因多年得不到政府拨款，少数在内战中仍然招生的免费公立小学被迫向学生家长收取学费维持运营，许多家长因无力支付子女学费而使大量小学生辍学。世界银行与利比里亚政府于 2010 年 12 月发布的《利比里亚教育

---

[1] 资料来源于联合国教科文组织官网。

[2] 资料来源于世界银行官网。

[3] 资料来源于利比里亚教育部官网。

国家状况报告》显示，内战刚开始时，幼儿园的入学人数为 91 394 人，约占适龄儿童的 38%；小学入学人数 155 166 人，约占适龄儿童的 53%；初中入学人数 34 365 人，约占适龄青少年的 28%；高中入学人数 22 243 人，约占适龄青少年的 22%。1982 年，全国 47 家职业教育与培训院校共招生 6 698 人。[1] 内战快结束时，仅有约 21% 的小学生能完成学业，79% 的学生因各种原因辍学。[2]

二、内战后教育的恢复和发展

2003 年内战结束后成立的过渡政府把恢复教育作为国家重建的重要内容，积极争取国际援助，并将为数万名被解救的各武装派别的前童子兵提供小学教育作为紧迫任务。由于公立学校遭到破坏，难以接收大量童子兵入学。在联合国复员计划的支持下，部分童子兵被送进私立学校学习。为尽快培训教师，在国际机构支持下，政府启动了为期 12 周的速成教师培训项目，联合国教科文组织也支持政府的教育部为教师制定了远程教育培训方案。

2006 年 1 月，瑟利夫作为战后首次大选中当选的总统上任。她将教育作为国家发展的重要行业予以重视，强调孩子和年轻人是国家的未来，对他们进行教育是父母、祖父母、社区和政府的责任；允诺向公众提供公平的优质教育，使得每个孩子都可以上学，每个教室都有一名优秀教师，每个年轻人都能获得高质量的教育和培训，努力实现所有人都有终身学习机会和提高全体人民工作技能与生活质量的教育愿景。

为实现这一愿景，瑟利夫政府制定了一系列关于教育的法律、政策和

---

[1] 资料来源于世界银行官网。

[2] 资料来源于联合国教科文组织官网。

恢复与发展计划，并努力争取国际组织和双边援助国的资金、技术和物资援助。

在教育政策层面，利比里亚政府制定了《利比里亚小学教育恢复计划》，并于 2007 年提交世界银行"人人享有教育快速通道伙伴基金"，以期获得支持。2008 年出台的《利比里亚减贫战略》将教育作为国家发展的三个优先领域之一。2010 年出台《2010—2020 年教育行业计划》。2011 年颁布 2011 年教育改革法。2012 年，教育部通过承诺加大对私立和宗教学校的补贴力度说服私立和宗教学校减免 50% 的中小学学费。2014 年政府成立技术和职业教育与培训特别工作组，2015 年又制定了《2015—2020 年国家技术和职业教育与培训政策》，以改善对职业教育的协调和指导。2016 年 9 月，教育部启动为期三年的《利比里亚教育促进计划》，将拥有 2.8 万学生的 93 所小学交给五家慈善机构和三家企业合作伙伴管理，并请美国全球发展中心对其进行监测研究和成效评估，被媒体称为利比里亚教育史上最激进的改革试验。2017，政府制定并颁布《2017—2021 年教育行业计划》。[1]

在争取国际组织和双边援助国的帮助方面，利比里亚政府在联合国儿童基金会等国际组织帮助下，于 2007 年 2 月向利比里亚合作伙伴论坛提交了《2007—2008 财年至 2010—2012 财年利比里亚冲突后教育部门恢复优先事项》（以下简称《优先事项》），主要内容包括：扩大和改善教育基础设施；开发新课程和尽快发放教学材料；加快教师培训；实施针对失学青少年的加速学习计划；召开教育咨询会议，广泛征求社会各界对恢复和发展教育的意见建议；加强对教育部门的治理；增强教育部门的组织和管理能力建设；努力争取国际组织和友好国家对优先事项的认可和支持。[2]

2008 年，利比里亚教育部与联合国儿童基金会成立"教育统筹基金"，得到了很多捐助。虽然在 2014 年暴发埃博拉疫情期间，利比里亚的所有学

---

[1] 资料来源于利比里亚教育部官网。

[2] 资料来源于联合国教科文组织官网。

校关闭了 7 个月，包括教材分发和教师培训等在内的大多数教育项目和活动被迫取消，但在政府的不懈努力和国际社会支持下，利比里亚的教育得到较快恢复和发展。疫情后的 2015—2016 学年，政府为小学 1—4 年级的学生购买了 100 万册初级辅助读物，为 5—9 年级（包括初中 3 年）的学生购买了 34 万册补充读物和 100 万册数学、科学、社会学和英语课本，为教师购买了 20 万册教学大纲以及 140 万册与英语、社会学和科学课程有关的辅助教材。[1]

在具体执行以上政策和措施过程中，为解决内战导致的大量超过正常入学年龄的失学青少年和成人接受小学教育等问题，执行了《优先事项》中的加速学习计划，将原本 6 年的小学课程压缩为 3 年，并在 2010 年前招收了 30 万 15 岁及以上的失学青少年和成年人参加此项计划。[2]

在教师培训方面，在上述教育统筹基金等方提供的资助下，三所农村教师师范学院得以重建。2009 年 6 月，内战后首批小学教师经一年培训后加入教师队伍。到 2010—2011 学年结束时，完成培训的 2 365 名教师上岗，使接受过培训的教师占比上升到 50%。为解决缺少合格初中教师的问题，教育部启动了 B 类教师证书在职培训计划。2010—2015 年，又有 11 000 多名低年级教师受到职前、在职和辅导培训，提高了教学技能。[3]

在校舍方面，利比里亚政府努力通过增加政府拨款和争取国际援助修复和建设新学校。2005—2016 年，小学学校的数量从 3 852 所增加到 5 178 所，初中从 859 所增加到 1 832 所，高中从 233 所增加到 640 所，高等教育机构增加到 33 所（见表 3.1、3.2）。此外，还修复和新建了数百个学校厕所和供水系统，为几十万学生提供免费食物。

---

[1] 资料来源于世界银行官网。

[2] 资料来源于联合国儿童基金会官网。

[3] 资料来源于世界银行官网。

表 3.1 2005—2006 学年利比里亚基础教育学校数量 [1]

学校类型	小学	初中	高中	总计
公立	2 012	335	66	2 413
私立	770	270	69	1 109
宗教	537	194	87	818
社区	533	60	11	604
总计	3 852	859	233	4 944

表 3.2 2015—2016 学年利比里亚幼儿园和基础教育学校数量 [2]

学校类型	幼儿园	小学	初中	高中	总计
公立	2 425	2 494	549	144	5 612
私立	1 555	1 558	778	307	4 198
宗教	793	822	423	177	2 215
社区	307	304	82	12	705
总计	5 080	5 178	1 832	640	12 730

　　尽管利比里亚在恢复和发展教育方面取得一定成就，但因主客观条件限制，2015—2016 学年，仅有 13% 的 0 至 4 岁儿童被送到托儿所或幼儿园学习，其中城市为 19%，农村为 9.8%。2016—2017 学年，仍有 61.5% 的学校没有图书馆，仅有 58% 的学校有男女学生隔离的厕所。全国学校不到 10% 的教师是女性，公立小学的平均学生与教师比高达 158：1，高中为

[1] 资料来源于联合国教科文组织官网。

[2] 资料来源于世界银行官网。

93∶1。2017—2018 学年，公立学校缺少约 7 600 名教师。[1] 和《利比里亚千年发展目标》中提出的到 2015 年时努力实现全国适龄儿童都能够接受小学教育的目标相比，现实情况依旧不容乐观。

维阿政府 2018 年 1 月开始执政后，于当年 7 月出台《繁荣与发展亲贫议程》，将教育作为"赋能人民"发展支柱的重要内容，宣布"我们将投资于我们的人民，特别是他们的教育和健康"。在该议程出台后，政府在改善教育方面主要采取了以下措施。

在 2019 年开启了全国性的西非中学证书考试辅导项目，为当年毕业的 43 409 名初中生和 39 889 高中生支付了考试费用，培训了 1 249 名教师、70 名督学、578 名校长。[2]

在 2020 年新冠病毒肺炎疫情暴发后，政府于当年 5 月制定了《利比里亚新冠疫情教育紧急应对计划》。该计划支持一些大学和学院开发远程学习平台，帮助解决学校临时关闭后学生的持续学习问题；创建了"收音机教学"的远程教育项目，向全国提供聚焦增强计算、阅读和听力能力的免费课程，并向许多家庭发放了便携式收音机。

为解决新修订的课本和学习资料不足问题，为公立中学采购了 200 个名为"智能盒子"的数字图书馆，每个智能盒子有 27 台电脑和一个无线上网连接器组成。[3]

派遣 35 名学生到国外学习教育专业，毕业后分配到利比里亚大学和威廉·杜伯曼大学的师范学院和 3 个农村教师师范学院任教，以加强师范学院的教学力量；派遣技术和职业教育与培训学院的教师到国外受训，他们回国后前往现有的 11 所职业培训机构和培训职业教育教师的布克·华盛顿学院任教。在 2021—2022 学年重新启动了本科生和研究生全国奖学金计划，

---

[1] 资料来源于利比里亚教育部官网。

[2] 资料来源于利比里亚教育部官网。

[3] 资料来源于利比里亚教育部官网。

1 500 名来自全国高等院校的学生获得奖学金。2021 年，共有 29 名留学生学成归国，183 名留学生仍在国外学习。2022 年，共派遣 100 名学生赴国外学习，其中 62 名去中国，38 名去摩洛哥。[1]

推广和拓展教育促进计划，从 2021—2022 学年起，将 487 所幼儿园、小学和初中学校交给合作伙伴管理，在校学生将超过 12 万名。[2]

由于维阿政府刚执政就遇上联合国于 2018 年 3 月结束利比里亚特派团任务等原因，利比里亚政府的财政收入受到较大影响。因而，教育部在落实相关教育计划方面面临极大困难，多次发生拖欠教师工资和学生补贴而引发的罢教、罢课现象，一些学校因未及时获得拨款而被迫停课。

三、当代教育制度

（一）当代教育体系结构

2006 年形成的瑟利夫总统政府根据国内外新的形势发展制定了 2011 年教育改革法，以法律形式对教育制度做出详细规定，并出台了一系列有关教育的政策与计划，形成了既基本满足国家恢复和发展需要以及国际组织要求，又具有一定利比里亚特色的当代教育制度。

2011 年教育改革法规定，利比里亚教育系统应包括正规和专门教育机构，并将教育机构划分为如下类型：学前教育，包括针对 0—2 岁儿童的托儿所和 3—5 岁儿童的幼儿园；基础教育，针对儿童和少年的 9 年义务小学教育和初中教育（也被称为初级基础教育和高级基础教育），还包括为继续教育和成人教育提供的小学和初中阶段教育；高中教育，针对青少年，为

---

[1] 资料来源于利比里亚教育部官网。

[2] 资料来源于利比里亚教育部官网。

期 3 年，分为综合性学术教育、技术和职业教育两类；高等教育，针对 18 岁及以上青年，包括学院和大学等；专业教育和培训，包括教师、成人、职业、神学、研讨班和研讨会等。[1] 正规教育体系分为四类：学前教育、基础教育、中等教育、高等教育（见表 3.3）。

表 3.3 利比里亚教育体系结构表 [2]

年龄（岁）	学习时长（年）	学习阶段	学校类型	文凭
0—2	2	学前教育	托儿所	无
3—5	3	学前教育	幼儿园	无
6—11	6	初级基础教育	小学	毕业证书
12—14	3	高级基础教育	初中	毕业证书
15—17	3	高中教育	高中 / 技术和职业教育	毕业证书 / 职业教育证书
18—19/20	1—2	高等教育	职业教育 / 农村教师师范学院 / 学院和大学的职业和师范教育等	职业教育证书 / C 或 B 级教师资格证书 / 副学士学位
18—22/23	4—5 年及以上	高等教育	学院、大学	学士学位
22/23—24/25	1—2 年及以上	高等教育	学院、大学	硕士学位

此外，为解决超龄学生的上学问题，教育部还提供加速学习计划、替代基础教育计划和成人教育项目，鼓励青少年和成年人完成小学教育，之后按年龄转入初中继续学习或学习劳动力市场所需要的手工艺等技术。政

---

[1] 利比里亚把高中以后的教育统称为高等教育，但又将高中以后的师范、医疗和工程等实用专业的教育称为专业教育，所以有时分类会稍有重合。

[2] 资料来源于利比里亚教育部官网。

府也资助一些宗教和慈善机构兴办盲人、聋哑人等残疾人学校和职业培训班。

利比里亚学校一般一个学年被分为 2 个学期，新学年从 9 月开始，次年 7 月结束，每学期的上课时间为 100 天，小学和中学每天须上 6 节课，每节课 45 分钟。每个学期被划分为 3 个阶段，每个阶段结束时进行测试，学年结束时进行年终考试。除正常的两个学期外，一些学院和大学还开办有供学生选择的假期学习课程。

利比里亚采用国际教育协会所承认的教育质量评估标准。除学校的常规性测试外，小学毕业生需要参加全国统考，初中和高中毕业生须参加西非考试委员会的标准考试，通过考试的学生方能获得升入下一阶段学校学习的资格。利比里亚考试成绩评分标准见表 3.4。

表 3.4 利比里亚考试成绩评分标准

百分制分数	等级	成绩点数
90—100 分	A（优秀）	4.0
80—89 分	B（良好）	3.0
70—79 分	C（一般）	2.0
60—69 分	D（及格）	1.0
60 分以下	F（不及格）	0.0

（二）多元化的办学特色

因受历史、民族、宗教等影响，利比里亚的教育主要呈现以下特点。

1. 多元办学主体长期共存

根据办学主体的不同，利比里亚的学校主要被划分为如下几类。

政府出资兴办和管理的公立学校。除蒙罗维亚都市区的小学和中学由蒙罗维亚综合学校系统监督管理外，其他公立学校都由教育部授权管理。

为解决本社区儿童无学可上的困难局面而兴办的社区学校。社区学校在农村和偏远地区较为普遍，在创办时往往就期待政府最终接管。

由私人、私营机构、公司或非政府组织投资兴办和管理的私立学校。大多数私立学校都以营利为目进行商业经营，也包括大型自然资源和矿产开发公司兴办的为数不多的特许学校。如费尔斯通、安塞洛–米塔尔、利比里亚农业公司所办的中小学以及蒙罗维亚美国国际学校和土耳其光明国际学校。

由基督教和伊斯兰教教会或机构兴办的以信仰为基础的教会学校。此类学校的办学资金一般由学生学费、学习费用和教会或宗教机构等的捐助构成。

与公立学校相比，私立和教会学校拥有相对优秀的师资、丰富的图书资料、齐全的办学设施，能够提供质量更好的教育，受到富裕阶层的普遍欢迎。因此，这两类学校，特别是它们的初中和高中学校，招收的学生数量超过公立和社区学校，在国家的教育系统中发挥着重要作用（见表 3.5）。

表 3.5 2015 年利比里亚主要办学主体所办学校招生占比统计 [1]

学校类型	学前教育[2]	小学	初中	高中
公立	52.2%	51.5%	41.3%	30.9%
私立	28.7%	29.6%	36.8%	38.8%

[1] 资源来源于世界银行官网。

[2] 因存在四舍五入，故此处最终总值不为100%。

续表

学校类型	学前教育	小学	初中	高中
宗教	12.6%	13.2%	18.8%	28.4%
社区	6.4%	5.7%	3.1%	1.9%

近年来，私人和宗教组织兴办的高等教育机构数量也在迅速增加。虽然根据教育法和教育政策规定，宗教组织所办学校必须不分宗教地面向社会所有适龄儿童和青少年招生，但因其肩负吸纳信徒和传播宗教的任务，实际上对信奉不同宗教的学生构成无形障碍。

大多数私立和宗教学校都设在经济水平相对较好的四个州，全国 2 380 所私立和宗教小学中的 1 611 所位于蒙特塞拉多州，167 所位于马及比州，151 所位于宁巴州，125 所位于邦州；22 所宗教和 17 所私立高等院校中的绝大多数位于蒙特塞拉多州。近 60% 的 6—14 岁城市儿童就读于私立或宗教学校，而农村儿童就读于私立或宗教学校的学生比例不到 30%，对拉大城乡教育差距起到了推波助澜的作用。[1]

2．公私合作办学改革试验

为改善公立学校的教学效果，为全国教育改革创造和积累经验，从 2016—2017 学年第一学期起，教育部开始实施为期三年的《利比里亚教育促进计划》，将拥有 2.8 万学生的 93 所小学外包给 5 家慈善机构和 3 家企业合作伙伴进行管理，并请美国全球发展中心对这些学校进行监测研究，以评估其成效。[2]

---

[1] 资料来源于利比里亚教育部官网。

[2] 资料来源于利比里亚教育部官网。

在这种公私合作伙伴办学模式中，利比里亚政府保留对学校的所有权，督学和教职员工仍由政府雇用，合作伙伴承担他们的专业发展和培训，并在教育法和教育部制定的课程框架内通过创新、社区建设等向学生提供质量更好的教育。合作伙伴以非营利商业模式为特征，管理费用除政府每年为每名学生拨款 50 美元外，主要由几家国际机构和慈善基金资助。教育促进计划一直在寻求更多合作伙伴的资助和投资，以扩大规模。

美国全球发展中心 2019 年的随机对照调查结果显示：合作伙伴管理学校的学生 1 年的学习效果相当于其他学校的 1.33—2.5 年；学生每天学习的时间比其他学校的多将近 1 个小时；教师将 73% 的课堂时间花在教学上，比其他学校的多 12%；学校的全天授课模式为学生提供了更丰富的学习体验。这种方法现已扩展到利比里亚全国的所有公立学校，以让教师有足够的时间教授全部课程。

全面严格的监测、评估和验证对于支持教育促进计划的快速创新和学习成效改善至关重要。政府的学区教育官员对所有参与该计划的学校进行常规监测，例如，对学校进行联合访问，评估儿童保护情况和参加合作伙伴举办的培训项目等。此外，四家合作伙伴也雇用学校绩效经理负责对相关学校进行监测、评估和绩效评定。教育部还通过州教育官员和教育部的其他监测机构直接监测学校的情况，例如，教师是否经常在教室、教师授课技能水平以及学校是否有足够的教学材料等。

在试验取得成效后，教育部从 8 家伙伴中挑选出 4 家成效较好的伙伴扩大试验规模。2021—2022 学年第一学期，将 487 所包括幼儿园、小学和初中在内的学校交给合作伙伴管理，在校生超过 12 万。

随着该计划项目下学校和学生人数的增长，学校管理的成本效率也得到提高，每名学生的费用下降了 78%，即从 2016—2017 学年的 304 美元降至 2021—2022 学年第一学期的 66 美元。从 2020—2021 学年到 2021—2022

学年，学校入学人数增长 60% 以上。[1]

根据利比里亚教育部的规定，担任小学教师至少需要拥有 C 级或 C 级以上教师资格证书，担任初中教师至少需要拥有 B 级或 B 级以上教师资格证书，但多数公立学校特别是农村地区学校的合格教师占比极低。由于参与该计划的合作伙伴接手一些学校的管理后积极开展教师培训工作，此类学校的合格教师占比大幅提高。据统计，2021—2022 学年，3 549 名教师中的 86% 拥有 C 级或 C 级以上教师资格证书。[2]

2022 年的一份关于该计划现状和未来的分析研究报告认为，该计划具有以下明显优势：带来了大量预算外资金和专业知识；得到政府和社区的有力支持；持续提高了数十万学生的学习成效；引入的创新教育方法对全国教育系统产生了广泛的影响；所管理的学校提供了教育数据收集和利用的新模式；每个学生的单位学习成本已经降低到可持续的水平；教育部可从上述试验中选取具有最好成本效益的创新向全国其他公立学校推广，以帮助教育部不断改善公立教育系统的能力。据此，报告建议教育部扩大该计划的规模。教育部表示同意该建议，拟将其正式纳入下一阶段利比里亚教育行业计划，将拥有 166 750 名学生的 755 所学校交由合作伙伴管理，以使更多学生、家庭和社区受益，希望继续降低每个学生的教育单位成本，并承诺在未买几年将对每个学生的年度拨款从 50 美元提高到 100 美元。[3]

---

[1] 资料来源于利比里亚教育部官网。

[2] 资料来源于利比里亚教育部官网。

[3] 资料来源于利比里亚教育部官网。

第四章 学前教育

第一节 学前教育的发展和现状

一、发展沿革

学前教育既包括促进儿童的身体健康发育，也包括培养儿童的心理和智力成长，在养成孩子的正确认知、身心健康、语言能力等方面发挥着重要作用。世界幼儿教育研究的最新成果和学前教育较为发达国家的经验表明，和未能接受良好学前教育的儿童相比，受过良好学前教育的儿童通常更具学习动力，学习成绩更好，与同学和教师相处得也更加融洽，辍学和留级率更低，小学和中学阶段的表现也更优异。此外，良好的学前教育还是预防人们成年后出现学习和行为问题的最有效方式，不仅有助于降低青少年和成人的犯罪率，增强家庭的稳定性，而且对减少性别、收入差距和促进国家经济发展产生积极影响。[1]

多年的政治动乱和内战给利比里亚带来严重的政治、经济、社会问题，特别是辍学、失业、贫困、犯罪等。尽管面临内战后百废待兴的艰巨挑战，

---

[1] 资料来源于联合国教科文组织官网。

瑟利夫政府仍将学前教育纳入国家重建和发展计划，认为学前教育的发展不仅关系到儿童个人及其家庭的福祉，而且关系到国家的发展。2010年出台的《2010—2020年教育行业计划》宣布，政府充分认识到《世界人权宣言》《联合国千年发展目标》《儿童权利公约》等国际文件和协议的重要性，作为这些文件的签字国，利比里亚将为履行国际条约义务，制定适当和有效的学前教育发展计划和政策。[1]

《2010—2020年教育行业计划》提出的学前教育发展目标如下：帮助儿童顺利适应从家庭到学校环境的过渡；在父母工作时帮助照料孩子；学前教育教师利用学到的幼儿教育知识和照料儿童的经验帮助儿童树立积极的自我形象；通过游戏等方式教授字母、数字、形状、颜色等基本知识；教育儿童养成良好的卫生习惯；让儿童熟悉学习过程；培训儿童通过听说读写进行沟通的基本技能；培养儿童喜爱同伴并与其玩耍的意愿；让儿童为随着年龄增长需要面对的更加复杂的生活和环境预做准备。[2]

利比里亚2011年教育改革法强调，幼儿的健康成长和良好教育不仅是国家、社会和家庭人力资源的重要组成部分，而且将在解决人类社会未来可能出现的一些社会和经济弊病方面发挥重要作用。学前教育应努力使幼儿拥有健康的身体、心理、情感和良好的学习与生活习惯，为他们能够顺利进入小学阶段的学校学习奠定坚实基础。该法还规定，教育部的任务是鼓励、支持和要求所有州和学区根据现有资源建立幼儿教育设施，协助教师学院和其他有资质的教育机构为学前教育学校培养教师。根据该法要求，教育部于2011年在教学局下增设了学前教育司，其主要职能是设计、开发、实施、协调、监测和评估所有学前教育项目，支持它们的注册登记和质量保障，并负责监督教育部雇用的幼儿教师。此后不久，政府又制定了《关于幼儿发展的国家机构间政策》，建立了幼儿发展国家机构间委员会，并将

---

[1] 资料来源于联合国教科文组织官网。

[2] 资料来源于联合国教科文组织官网。

促进学前教育发展纳入所有国家发展和教育行业计划。[1]

利比里亚教育部认为，如果没有适当的培训，教师将无法提供高质量的教学，整个国家也无法充分认识到学前教育的益处。基于这一认识，为促进社区对学前教育的重视，加强对学前教育教师的培训，教育部学前教育司于 2016 年 3 月制定了《幼儿发展国家职业拓展框架（草案）》，主要内容如下：开展社区宣传和培训项目，为负有 0—8 岁儿童的卫生、教育和照料责任的家长、保姆、教师、社区卫生工作者等开办幼儿养育、早期大脑发育、健康、营养、安全保护以及成人与儿童互动等讲座，以提高上述人员对学前教育的认识；加强对学前教育教师的技能培训，如教授数学、使用识字辅助材料的方式方法等；设立学前教育专业，规定从事学前教育的教师必须参加 120 学时的课程学习并经过 480 学时的教学实践方能获得相当于 C 级教师资格证书的学前教育教师资格证书；制定大学培训学前教育教师的副学士、学士、硕士和教育学硕士资格标准，支持三所农村教师师范学院开展职前和在职学前教育教师培训。[2]

二、发展现状

利比里亚学前教育的课程内容主要有以英语为主的语言课、唱歌、舞蹈、绘画、体操等，侧重于让学生初步熟悉阅读、写作、算术、卫生、健康、科学和音乐等知识。宗教机构兴办的幼儿园还教授初级的宗教内容。

多数私立和宗教幼儿园设施相对齐全，有玩具、图画以及安全卫生的动植物或模型等，还有部分从世界各地聘请的儿童教育教师。相对而言，多数公立和社区学前教育学校条件简陋，缺少必需的教学物资和合格的学

---

[1] 资料来源于利比里亚教育部官网。
[2] 资料来源于世界银行官网。

前教育教师与保育员。因缺乏专职学前教育教师和学校设施，为充分利用现有校舍和师资，许多学前教育学校建在小学内，虽然有助于学生从幼儿园向小学的过渡和减少管理费用，并为许多教师在学前教育学校、小学和中学等跨年级教学创造了便利，但也意味着农村地区的学前教育学校可能离学生居住地较远。

不过值得指出的是，在政府的重视和推动下，利比里亚学前教育的规模快速扩大。根据教育管理信息系统的统计，1984 年共有 96 813 名学生接受学前教育，2005—2006 学年学生总数达到 358 210 人，2015 年，全国已有 5 080 所学前教育学校和 539 660 名学生，其中男童约占 51%，女童约占 49%。3—5 岁的儿童可分别进入幼儿园的小、中、大班学习，许多幼儿教育学校还办有招收 2 岁儿童的托儿所（见表 4.1、4.2、4.3）。学生与教室的平均比为 47：1。[1]

表 4.1 利比里亚三个时间段学前教育学生数量（单位：人）[2] [3]

学校类型	1984 年	2005—2006 学年	2015 年
公立	49 588	198 689	281 938
宗教	35 143	47 724	68 003
其他	12 082	111 797	189 719
总计	96 813	358 210	539 660

[1] 资料来源于世界银行官网。

[2] Ministry of Education of Liberia. The education sector plan of Liberia—a commitment to making a difference 2010—2020[M]. Monrovia: Ministry of Education of Liberia, 2010: 40.

[3] Ministry of Education of Liberia. Getting to best education sector plan 2017—2021[M]. Monrovia: Ministry of Education of Liberia, 2016: 113.

表 4.2 2015 年利比里亚学前教育学校数量（单位：所）[1]

学校类型	学校数量
公立	2 425
私立	1 555
宗教	793
社区	307
总计	5 080

表 4.3 2015 年利比里亚学前教育在校学生数量（单位：人）[2]

学校类型	托儿所	幼儿园小班	幼儿园中班	幼儿园大班
公立	87 979	52 359	75 279	66 321
私立	44 327	32 411	39 671	38 570
宗教	19 365	14 409	17 438	16 791
社区	10 191	7 346	8 830	8 373
总计	161 862	106 525	141 218	130 055

　　随着学生总人数大幅增加，学前教育教师队伍也得到一定发展。根据学校统计报告，2007—2008 学年，利比里亚的学前教育教师总计为 11 778 人，其中 5 197 人为女性，约占整个学前教育教师队伍的 44%。[3] 到 2015 年，学前教育教师数量增加到 14 311 人，其中 57% 的教师为女性（见表 4.4）。

---

[1] Ministry of Education of Liberia. Getting to best education sector plan 2017—2021[M]. Monrovia: Ministry of Education of Liberia, 2016: 115.

[2] Ministry of Education of Liberia. Getting to best education sector plan 2017—2021[M]. Monrovia: Ministry of Education of Liberia, 2016: 113.

[3] Ministry of Education of Liberia. The education sector plan of Liberia—a commitment to making a difference 2010—2020[M]. Monrovia: Ministry of Education of Liberia, 2010: 46.

表 4.4 2015 年利比里亚学前教育教师数量 [1]

学校类型	男性	占比	女性	占比	总计
公立	3 409	64%	1 899	36%	5 308
私立	1 615	28%	4 073	72%	5 688
宗教	746	30%	1 733	70%	2 479
社区	396	47%	440	53%	836
总计	6 166	43%	8 145	57%	14 311

第二节 学前教育的挑战和对策

一、面临的挑战

内战后国家的和平稳定虽然得以恢复，但长达 20 年的政局动荡和内战破坏了利比里亚全国的家庭生活网络和家长与社区照顾和教育幼儿的能力。虽然越来越多的家长意识到学前教育的好处，特别是一些学校在国际机构和慈善基金援助下向学生提供免费食品，促使家长愿意将子女送到学前教育学校学习，但学费、校服、学习材料费用、交通不便等仍是多数儿童进入学前教育学校的障碍，使得不少贫困家庭的子女难以获得接受学前教育的机会。

由于利比里亚经济发展水平较低，政府财政捉襟见肘，既无力解决超过 60% 的贫困人口的饥饿问题，更难以大幅增加教育投入。因而，2011 年

---

[1] Ministry of Education of Liberia. Getting to best education sector plan 2017—2021[M]. Monrovia. Ministry of Education of Liberia, 2016: 116.

教育改革法并未将学前教育列为免费义务教育。政府对学前教育的投入十分有限，多数学前教育学校，特别是公立、社区和非政府组织兴办和管理的学前教育学校主要依靠国际机构、双边援助国和慈善基金的援助和捐款来运营。学前教育学校的数量、地区分布、教师队伍的数量和质量、学生家长等均存在不少问题。

第一，学前教育学校的数量和教育设施、设备都非常匮乏，难以满足日益增长的适龄儿童对学前教育的需要。虽然政府和教育界已经认识到对学前教育的投资是利用有限资源的最优方式，但却受财政困难限制而缺乏足够的投入。教育部只向一部分公立和社区学校的学前教育教师支付工资，提供部分培训。许多学前教育学校只是小学的一间或几间教室，36%的学前教育教室是临时或分割的隔板结构，而不是根据幼儿需要设计和建造的。学校的平均规模都相对较小，其中公立学校学生数量和教室比约为64.4：1，而且缺少教学用具、玩具与必需的物资（见表4.5）。

表 4.5 2015 年利比里亚学前教育学校教室相关数据表 [1]

学校类型	教室总数	坚固教室数量及占比		半坚固教室数量及占比		学生与教室比
公立	7 332	4 375	59.7%	2 957	40.3%	64.4：1
私立	6 720	4 513	67.2%	2 207	32.8%	34.3：1
宗教	2 985	1 920	64.3%	1 065	35.7%	35.4：1
社区	1 097	775	70.6%	322	29.4%	44.8：1
总计	18 134	11 583	63.9%	6 551	36.1%	46.6：1

第二，在获得学前教育机会方面存在地区差距和贫富差距。城市儿童比农村儿童拥有更多的获得学前教育的机会。与城市相比，农村的学前教

[1] 资料来源于世界银行官网。

育学校不仅数量少，而且基础设施、学习环境、教学和学习资源以及教师和护理人员的知识与技能等都较差。私立和宗教机构所办的学前教育学校条件和师资略好于公立学校，但多数集中在经济发展水平相对较高的城市和沿海地区，所收取的费用也较公立和社区学校更高，使贫困家庭的子女难以企及。

第三，学前教育学校教师和保育员缺乏专业知识和技能。大约 50% 的学前教育教师不具备基本的教师资格，虽然另 50% 的学前教育教师被认为是合格教师，但他们中的大多数所拥有的 C 级教师资格证书是小学教育教师证书，而不是专门针对学前教育教师的培训证书。约 10% 的公立学校学前教育教师甚至没有高中毕业证书。学生与合格教师的平均比高达 73：1，其中公立幼儿园甚至高达 104：1（见表 4.6）。直到 2019 年，教育部才在三所农村教师师范学院开设了正式的学前教育教师培训课程，并于 2021 年 2 月培养出第一批 175 名学前教育教师，但仍无法缓解人员稀缺的局面。

表 4.6 2015 年利比里亚学前教育教师合格百分比及生师比 [1]

学校类型	教师总数	合格人数	合格教师占比	学生与合格教师比
公立	5 308	2 707	50%	104：1
私立	5 688	2 915	51%	53：1
宗教	2 479	1 179	48%	58：1
社区	836	359	43%	97：1
总计	14 311	7 160	50%	73：1

第四，一些家长和社区认识不到学前教育对孩子未来学习甚至整个人生的重要性。他们对以游戏为基础的学习、儿童的全面发展、学前读写和算

---

[1] 资料来源于世界银行官网。

术技能的重要性理解有限，另有一些家长将本该上小学的孩子送进学前教育学校，这既影响了孩子自身的学习，也侵占了适龄儿童进入幼儿园的机会，还给教师的教学带来困难。

家长将超龄儿童送到学前教育学校的主要原因如下：学前教育阶段提供免费食物；一些小学为保障教学质量，要求新生通过阅读、写作和算术入学考试才能进入一年级学习，很多儿童达不到要求；家长本身所受教育有限，不懂如何为孩子做出正确的学习规划；一些偏远地区的居民因居住地离学校较远和交通困难，无法及时将孩子送进学前教育学校；一些学前教育学校为了获取利润，招收超龄儿童入学。

如果适龄儿童未能及时进入学前教育学校学习，可能会影响其一生的上学周期。超龄学生对本来就资源不足的各阶段教育形成冲击，带来的挤出效应使大量适龄儿童无法及时进入相应年龄段的班级学习。例如，学前教育阶段适龄儿童的入学率仅有 29%，意味着三分之二的适龄儿童可能成为这种挤出效应的潜在受害者。虽然初中毕业生的年龄应该是 14 岁，但实际上大约 37% 的学生年龄在 19—21 岁。

二、应对策略

作为联合国《2030 年可持续发展议程》的签字国，利比里亚于 2016 年 1 月 25 日正式启动了 2030 年可持续发展目标计划，提出了到 2030 年时确保所有儿童都能获得高质量的幼儿发展、养育和学前教育的目标。《2017—2021 年教育行业计划》重申了这一目标，并提出了改善和发展学前教育的战略。由于利比里亚的多数教育计划都是在国际机构帮助下制定的，因而吸纳了当时国际上最流行的教育理念。《2010—2020 年教育行业计划》和《2017—2021 年教育行业计划》都扩大了学前教育的范畴，将儿童教育扩展为儿童发展，将学前教育范围扩大到0—8岁儿童的养护和教育，并提出了促进学前教育发展的战略和举措。

（一）制定学前教育政策，并开展学前教育推介活动

教育部门制定学前教育政策，并确保政策得到相关政府部门、社区、公立学校、教会学校、私立学校、非政府组织和国际援助伙伴的广泛支持。严格执行适龄儿童入学的政策，落实6岁以上儿童不能进入学前教育学校学习的规定，为超龄儿童选择适合的学习项目提供便利。学区教育官应严格监督上述政策的执行情况，尽快减少学前教育学校超龄儿童入学的现象。

与此同时，开展幼儿教育公众宣传促进活动，向家庭和社区推介幼儿教育的价值和先进育儿技能；与主管营养、卫生和出生登记等儿童早期发展的政府机构和非政府组织合作，宣传出生登记的重要性；制定促进先进育儿技能和推介适合家庭环境的儿童早期启发活动计划，开展幼儿养育与教育研究，并将研究成果纳入宣传和学前教育计划。

（二）扩大对学前教育教师和管理人员的培训

政府将加强教师教育司与农村教师师范学院的合作，制定强有力的幼儿教育教师资格证书培训计划，通过农村教师师范学院、高等院校师范学院开展学前教育教师资格培训，要求所有幼儿园教师均需拥有C类教师资格证书；使培训课程满足应对超龄儿童、残疾儿童、初级读写和算术等教育的需要；采取由学前教育学校付费的模式为学前教育学校培养教师，有针对性地使用奖学金以确保学前教育薄弱地区的妇女和高中毕业生参加学前教育教师培训。

改进教师管理政策，确保将合格教师分派给学前教育学校。同时，配

合教师教育和管理计划，使用学前教育司开发的在职继续教育教材培训3 000名不合格的幼儿教育教师；优先从学前教育条件薄弱的学校开始，由督学在学前教育培训指导教师帮助下向在职教师提供集体性职业继续教育培训。

从学前教育最薄弱的地区开始，资助15个州各建立一所学前教育示范中心，作为培训在职教师继续教育活动的示范学校。将学前教育学校校长纳入校长培训项目，如教育管理和透明计划。与非政府组织协调，在缺少学前教育学校的地区扩大对儿童养育人员的培训。

（三）在薄弱地区建设更多学前教育设施，加大学前教育改革试点力度

由教育管理信息系统和教育部行政局调查缺少学前教育学校的社区，完成需求评估，并更新低成本儿童友好型学前教育学校教室的设计标准。同时采用社区动员、寻找合作伙伴和募捐等方法，在选定地区建立学前教育教室。项目建设优先向学前教育最薄弱的地区倾斜。在利比里亚政府的努力下，2021年，全球教育伙伴关系基金与利比里亚教育部签署协议，决定提供223万美元支持利比里亚实施幼儿教育服务项目。从2022年8月10日至2023年12月31日在伯米、大克鲁、马里兰、里弗塞斯、吉河和锡诺6个州的18所学校各建3间幼儿园教室及厕所和供水系统，并提供学前教育教学与学习材料。

除积极筹措资金和争取国际机构、双边援助国和慈善基金援助来增加对学前教育的投资外，政府还计划根据学前教育学校的类型，如日托、周托和班级规模等，提供相应资助；通过为公立学校采购和供应本地生产的商品等方式降低学前教育成本；对合作伙伴学校框架内的学前教育学校进行评估，向其他学前教育学校推广其成功经验。

第五章 基础教育 [1]

　　利比里亚 2011 年教育改革法将小学和初中教育列为义务性的基础教育，规定对所有进入公立和社区小学与初中学习的学生免除学费，所有家长都应履行将适龄子女送入基础教育学校上学的义务，如无正当理由不遵守这一规定，可根据《利比里亚刑法》判处轻罪。该法的条款表明基础教育在利比里亚具有普及性、公共性和强制性特点，是国家统一实施的、所有适龄儿童和少年必须接受的教育和政府必须予以保障的义务性公益事业。

　　作为世界上经济发展水平最低的国家之一，相当数量的利比里亚儿童和少年仍因家庭贫困、性别、居住地偏僻和残疾等原因未能接受基础教育或辍学。虽然在联合国儿童基金会、世界粮食计划署和国际国内合作伙伴帮助下，政府制定了提供免费食物、减少和免除校服等费用的政策，但因主客观条件，特别是缺少足够资金等限制，使得实现让所有儿童和少年都能完成基础教育的目标面临诸多挑战。

---

　　[1] 利比里亚将小学、初中和继续教育与成人教育的中小学部分统称为基础教育，将普通高中教育、技术和职业教育称为高中教育；初中教育有时被划入基础教育，有时又与高中教育一道被称为中等教育。为便于与世界大多数国家的基础教育进行比较，本章基础教育分为小学教育、初中教育、普通高中教育三个阶段。

第一节 基础教育的发展和现状

一、小学教育

利比里亚政府认为，教育行业所面临的大多数挑战都与小学阶段出现的各种问题有关，管理好小学教育是教育部门在国家重建进程中确保国家发展和人民安康方面发挥领导作用的体现。2011 年教育改革法将小学教育称为初级基础教育，并作为国家教育建设的基础。法律规定小学为强制性免学费义务教育，公立和社区学校实行免学费政策，但私立和宗教学校仍会收取学费。

（一）小学教育发展现状

2003 年内战结束后，利比里亚政府为尽快让大量因战争失学的青少年接受小学教育，在一段时间内采用了两种类型的小学教育课程。一种是主要针对适龄儿童的小学教育，另一种是针对因内战而失学的超龄青少年的加速学习计划，即将六年的小学课程压缩为三年。在基本解决了大量因内战失学的青少年上小学的问题后，加速学习计划于 2009—2010 学年开始逐步退出，基础教育计划被提上日程，继续解决超龄青少年和年轻成年人的小学教育问题。加速学习计划招收的学生也从 2008—2009 学年的 75 820 人下降到 2015 年的 2 396 人。基础教育计划的招生人数在 2010—2015 年每年约为 1 万人，其中 58% 为女性，许多人是年轻母亲。[1]

在政府的努力和社会各界积极参与，特别是国际机构和双边援助国的

---

[1] 资料来源于世界银行官网。

帮助下，利比里亚的小学教育逐步走上正轨，并得到较快恢复和发展。学校数量、教室与学生比、入学人数、教师的数量和质量、学生与教师比、学生与教材比和男女生入学比等都呈现向好趋势。

利比里亚教育部和联合国教科文组织驻利比里亚代表处的联合调查显示，2007 年利比里亚将近 75% 的学校被内战破坏，仅有 24% 的小学生有桌椅使用，许多教室没有黑板等设备。2008—2015 年，利比里亚政府在国际社会援助下加快对被破坏的小学的修复步伐并新建了 372 所公立小学，使公立小学的数量从 2007—2008 学年的 2 122 所增加到 2015—2016 学年的 2 494 所，加上私立和宗教机构修复与新建的小学，全国小学数量增加到 5 178 所。但为使学生尽快有学上而修复和新建的小学建筑质量不高，例如，在 2007—2008 年约 32% 的公立小学教室为临时建筑或隔板性结构，因此教学和学习条件以及学生和教师的安全均难以完全得到保障。这种状况直到 2015—2016 学年也并没有得到根本性改善，仍有 29.3% 的公立小学没有坚固或半坚固的教室。[1]

据教育管理信息系统的统计，利比里亚全国小学学生与教室的平均比率为 32.7：1，其中公立小学的平均比率为 38.8：1。虽然这一比率表明当时的在校小学生有足够的教室空间，但实际上也存在不同州之间的地区差距，以及公立学校与私立和宗教学校之间的差距，一些州的学生与教室比达到了 49.3：1。总体来讲，私立和宗教学校的学生与教室比要好于公立学校（见表 5.1）。

---

[1] 资料来源于世界银行官网。

表 5.1 2015—2016 学年利比里亚小学教室数量及学生与教室比 [1]

学校类型	教室总数	坚固或半坚固教室		非坚固或半坚固教室		学生与教室比
公立	12 625	8 702	68.9%	3 923	31.1%	38.8：1
私立	9 364	6 815	72.8%	2 549	27.2%	28.5：1
宗教	4 639	3 285	70.8%	1 408	30.4%	26.3：1
社区	1 637	1 236	75.5%	401	24.5%	30.1：1
总计	28 265	20 038	70.9%	8 281	29.3%[2]	32.7：1

小学入学学生从 2007—2008 学年的 539 887 人上升到 2015—2016 学年的 655 049 人（见表 5.2）和 2020 年的 772 918 人，净入学率从 33% 上升到了 49%；男女学生的入学比例也从 2008 年的平均 1：0.88 上升到 1：0.96（见表 5.3）。但因各种因素影响，从小学一年级到六年级，续学儿童的数量均呈现逐年下降趋势，这意味着较高的辍学率和较低的结业率，其中 2015 年的结业率为 69%。

表 5.2 2007—2008 学年和 2015—2016 学年利比里亚小学学生数量 [3]

学校类型	2007—2008 学年	2015—2016 学年
公立	308 478	337 376
私立	98 816	194 042
宗教	62 316	86 472
社区	70 007	37 159

[1] 资料来源于世界银行官网。

[2] 因存在四舍五入，故总值不为 100%。

[3] 资料来源于利比里亚教育部和世界银行官网。

76

续表

学校类型	2007—2008 学年	2015—2016 学年
总计	539 887[1]	655 049
净入学率	33%	49%

表 5.3　2007—2008 学年和 2015—2016 学年利比里亚小学各年级学生数量 [2]

年级	2007—2008 学年	2015—2016 学年	女生占比
一年级	130 406	145 979	48.9%
二年级	105 910	124 759	49.0%
三年级	94 378	113 880	49.1%
四年级	82 519	101 310	49.0%
五年级	70 471	88 875	48.7%
六年级	56 203	80 246	48.8%
总计	539 887	655 049	48.9%

　　小学净入学率偏低的原因之一是超过 25 万的 6—11 岁小学适龄儿童仍在幼儿园学习（见表 5.4）。2015 年的学校人口普查数据显示，实际上约有 17 万 6—14 岁的儿童没有入学，相当于该年龄段儿童和少年人口的 17%。以上数据表明，该年龄段儿童的净入学率应该远高于 49%，只是他们并未进入小学，而是仍在幼儿园学习。超龄儿童进入上一阶段的学校学习是利比里亚各阶段教育面临的一个重要挑战（见第四章）。统计数据和分析研究显示，大约 40% 的小学生年龄比 2011 年教育改革法规定的适龄

　　[1] 在本表格中，"2007—2008 学年"的"总计"数字与前四项之和不符，但资料来源中的数字就是如此，盖因利比里亚教育部和世界银行官网统计有误差所致。
　　[2] 资料来源于利比里亚教育部和世界银行官网。

年龄大 3 岁以上，几乎所有年级的多数学生都比法定年龄大 3—6 岁。与适龄学生相比，超龄学生更易逃课和迟到，学习成绩较差，更多人因难以完成学业而辍学。

表 5.4 2015 年利比里亚 6—11 岁儿童入学和未入学情况（估）[1]

类别	人数
总人数	741 180
在小学	361 929
在幼儿园	257 653
未入学	121 598
未入学人数占比	16.4%

适龄儿童未能及时进入小学学习的原因多种多样。例如，学校数量不足与分布不够广泛，家长负担不起校服、学习用具等费用，一些小学要求进入一年级学习的学生需通过考试，以及传统的女性受歧视等。虽然在公立和社区小学上学无须交纳学费，但购买校服、课本、书包、文具和饮食仍需家长出钱，这是无力承担这些费用的贫困家庭子女失学的重要原因之一。对有一个以上孩子的家庭的调查显示，如果只有让一个孩子上学的钱，他们多倾向于让男孩而非女孩上学。在农村地区，缺乏送孩子上学的交通工具也是造成孩子失学和晚上学的原因。比如，一些偏远村落的孩子需要乘独木舟上学。

为了解决超龄问题，教育部要求各学校停止所有一年级新生的入学考试，并在新学年开始时派遣督导员和教育官员到各学校督导，以确保相关

---

[1] 资料来源于利比里亚教育部官网。

要求得到落实。经各方努力，超龄现象已呈现缓慢下降趋势。2007—2008学年，小学各年级学生的平均年龄为 12.91 岁，2015—2016 学年已下降至10.99 岁。但导致这一现象的因素较多，而且具有延续性，很难在短期内得到解决。

从 2007 年到 2015 年，利比里亚小学教师的人数和合格教师占比均显著提高。根据 2007 年的学校统计，利比里亚小学共有 22 253 教师，其中13 301 未经过培训。[1] 2015 年，小学教师的总人数增加到 30 438 人，其中拥有 C 级教师资格证书的教师 14 431 名，获得 B 级教师资格证书的教师增加到 3 694 名，拥有教育学学士学位的教师增加到 797 名，但仍有超过 1.1万名小学教师甚至没有最低的 C 级教师资格证书，超过整个小学教师队伍的三分之一。这也是小学教育质量不高的一个原因。2014 年的一项评估发现，三年级学生的英语阅读流利程度低于每分钟 20 个正确单词，明显低于教育部确定的 45 个正确单词的标准和 2010 年每分钟 45—65 个正确单词的国际标准。[2]

在国际机构和双边援助国支持下，教育部为公立小学采购和分发了大量课本、辅助读物和教师手册，但因受各种主客观因素限制，2005—2015年，教科书的采购和补充一直存在波动和不能及时满足需要的现象，其中教科书储存量不足是原因之一。教育部多次要求将购买和分发教科书的开支列入预算，但在相当长的时间内未得到财政部支持。因此，教育部通常要依靠国际组织和双边援助国援助来支付购买和分发教科书和学习材料的费用，而外部援助资金同样存在额度有限和无法保证及时到位的问题。

---

[1] Ministry of Education of Liberia. The education sector plan of Liberia—a commitment to making a difference 2010—2020[M]. Monrovia: Ministry of Education of Liberia, 2010: 73.

[2] Ministry of Education of Liberia. Getting to best education sector plan 2017—2021[M]. Monrovia: Ministry of Education of Liberia, 2016: 140.

（二）小学的主要课程

利比里亚教育部为小学教育确定的总体目标是：努力使学生具备初步的读写、计算能力和对社会的理解能力；让学生学会有效沟通、轻松计算、理解社会文化环境，获得一定的手工技能，提高心理素质并为接受更高阶段的教育做好准备；培养学生对合作、劳动尊严、国家发展和持续学习的积极态度；为提高学生以有意义的方式参与公民生活和推动社会进步奠定基础。为实现上述目标，小学共开设七门课程，分别为语言艺术（英语）、普通科学、数学、社会学、法语、体育、宗教与道德。[1]

英语是利比里亚官方语言。学习英语首先要学会口语和书面语，这样才能逐步掌握英语语言艺术，学会欣赏各种文学作品并获得关于演讲的基本知识。因此，教育部为小学1—6年级的英语课程确定了以下学习目标：可以实际使用英语口语和书面语进行沟通；能够认真倾听和理解授课内容；能够通过不断的练习快速阅读和轻松理解教材内容；能够初步认识社会、文化、语言和民族等生活环境，以及语言作为文化遗产传承媒介的作用；通过教育为学生奠定创造和创新思维的基础。

在科学技术不断进步和日益全球化的世界上，学习科学既对了解人类所处的世界具有重要意义，又具有实际生活价值。普通科学课程旨在让学生系统学习生命和非生命物质对人类和环境的影响。主要学习目标如下：了解科学的基本事实、概念和原理；培训基本科学技术知识和学习能力；利用数字技术去观察、记录和描述物质、力、能源、简易机械、蒸发和过滤等现象；培养为社会和平共处做出贡献的积极态度和科学价值观；养成探求科学知识的习惯。普通科学课程还强调学生的动手能力，要求学生自己动手制作一些手工作品，并将其作为学生课外活动的主要任务。

---

[1] 资料来源于利比里亚教育官网。

下：了解宗教对人类的作用；在日常与他人的互动中优先考虑和谐概念；学习利用宗教观念应对性别问题；履行对家庭、事业、社会和自然环境的职责。

在小学阶段，英语、数学、社会学和普通科学被列为核心课程，是教学、毕业与升学考试的重点内容。为适应家庭生活和国家发展需要，2011年教育改革法还要求将家庭经济、基础农业和计算机素养等内容纳入小学课程。在授课方面，教育部强调只有当学生自己掌握学习过程时，学习才会变得更加持久、有意义和有吸引力，因此要求小学至高中各门课程的教学均应以学生为中心，教师应设法采用让学生积极参与学习过程的授课方法。

内战结束后，利比里亚恢复了小学毕业生的全国性考试，并由西非考试委员会利比里亚分会管理，考试科目为4门核心课程——英语、数学、社会学和普通科学。考试采取百分制，及格分为60分。考生的最终成绩由两部分组成：一是平时成绩或学校考试成绩，占40%；二是期末考试成绩或西非考试委员会组织的考试的成绩，占60%。通过4门学科考试中的3门方可获得小学毕业证书，并获得升入初中的资格。[1]

二、初中教育

（一）初中教育发展现状

利比里亚教育基础设施建设方面存在的主要问题是政府的公共资本投资水平较低。2011—2012财年，利比里亚政府仅将教育预算的1.87%用于

---

[1] 资料来源于利比里亚教育部官网。

固定资本投资，远低于全球教育伙伴关系组织建议的 40% 的标准。2012—2013 财年，政府对教育的固定资本投资为零，完全依赖外援投入。2015—2016 财年，教育部预算仅要求将教育预算的 1.65% 约 736 600 美元用于固定资本项目，显然无法满足改善和扩大教育基础设施的需求。[1]

但政府特别是教育部门积极努力与国际机构、双边援助国和慈善机构进行沟通，获得了它们在基础设施方面提供的建设援助，中学教室情况得到了改善，学校数量有所增加，教室质量得到提高。截至 2015 年，超过86% 的中学教室是坚固或半坚固教室，总体上要好于小学；世界银行下设的全球教育伙伴关系组织总共援建了近 200 间教室，欧盟援建了 56 间教室。初中学生与教室比远高于小学，其中公立中学的学生与教室比为 73∶1。私立和宗教中学的条件稍好，学生与教室比分别为 58∶1 和 63.5∶1（见表 5.5）。

表 5.5　2015 年利比里亚中学教室质量状况及学生与教室比统计 [2]

学校类型	教室总数	坚固或半坚固教室		非坚固或半坚固教室		学生与教室比
公立	1 567	1 392	88.8%	175	11.2%	73∶1
私立	2 139	1 768	82.7%	371	17.3%	58∶1
宗教	1 143	969	84.8%	174	15.2%	63.5∶1
社区	173	154	89.0%	19	11.0%	46.4∶1
总计	5 022	4 283	86.3%	739	13.7%	60.2∶1

初中学生与教室比较高的原因之一是入学学生数量持续增长，2007—2008 学年至 2015 年，初中入学学生从 102 642 人上升到 166 957 人，毛入学率从 42% 上升到 52.7%。其中，私立初中的入学人数增长最快，从 28 216

---

[1] 资料来源于世界银行官网。

[2] 资料来源于世界银行官网。

人上升到 61 415 人（见表 5.6）。

表 5.6　2007—2008 学年和 2015 年利比里亚初中入学学生人数 [1]

学校类型	2007—2008 学年	2015 年
公立	40 667	68 957
私立	28 216	61 415
宗教	26 091	31 471
社区	7 668	5 114
总计	102 642	166 957

从男女比例上看，女性的初中入学率仍低于男性。2015 年，女生约占初中入学人数的 47.6%。女生在中等教育阶段的入学率和结业率低于男生的另一个重要原因是怀孕。联合国儿童基金会 2012 年的一项调查发现，67% 的家庭表示女孩怀孕是辍学的主要原因。[2] 联合国人口活动基金会的调查数据也显示，20—24 岁利比里亚妇女中，38% 在 18 岁时怀孕，考虑到当地普遍存在的入学偏晚现象，18 岁正好是青少年接受初中教育的年龄。[3] 尽管利比里亚的教育政策并不要求女孩或妇女在怀孕时离开学校或去上夜校，但实际上，怀孕的学生经常会受到校方和同学的歧视，通常会被要求去上夜校或休学。许多女生一旦怀孕生子，就很难再回到正规学校完成学业。

与学前教育和小学阶段一样，超龄青少年进入非适龄阶段学校学习是导致初中适龄少年入学率失真的重要原因。根据教育信息管理系统的数据，本来应该在 2015 年上初中的 12—14 岁适龄少年中的 198 539 人仍在上小学，

---

[1] 资料来源于利比里亚教育部和世界银行官网。

[2] 资料来源于联合国儿童基金会官网。

[3] 资料来源于联合国人口活动基金会官网。

总量甚至超过了整个初中的入学人数，主要原因是他们未能及时适龄进入小学学习（见表 5.7）。

表 5.7 2015 年 12—14 岁利比里亚少年入学与未入学情况 [1]

类别	人数
总人数	295 114
入学初中	41 723
入学小学	198 539
入学幼儿园和高中	3 224
未入学	52 028
未入学人数占比	17.6%

随着入学人数的增加，持续学习 3 年并参加西非考试委员会考试的初中毕业生的数量也呈逐年上升态势，从 2007 年的 20 480 人上升到 2014 年的 31 927 人（见表 5.8）。但考试通过率却呈下降态势，2007 年 95% 的初中生通过了考试，2012 年这一比率下降为 83.8%，2014 年下降为 59.0%。其中，女生通过考试的比率比男生低 4%—6%（见表 5.9）。结业考试通过率持续走低表明，初中的教学质量整体上呈现下降趋势。2016 年，参加西非考试委员会考试的 49 771 名初中毕业生中，只有 30 824 人通过了考试，通过率约为 62%，稍有上升。

---

[1] 资料来源于世界银行官网。

表 5.8 2012—2014 年利比里亚初中学生参加西非考试委员会考试通过情况 [1]

年度	参加考试的学生数量				通过考试的学生数量		
	男生	女生	总计	女生占比	男生	女生	总计
2012	16 340	12 851	29 191	44.0%	13 994	10 474	24 468
2013	16 582	13 705	30 287	45.3%	13 971	10 869	24 840
2014	17 235	14 692	31 927	46.0%	10 643	8 200	18 843

表 5.9 2012—2014 年利比里亚初中学生参加西非考试委员会考试通过率 [2]

年度	男生通过率	女生通过率	总通过率
2012	85.6%	81.5%	83.8%
2013	84.3%	79.3%	82.0%
2014	61.8%	55.8%	59.0%

初中毕业考试成绩下降的原因之一是，超过三分之二的初中教师不具备担任初中教师的资格。根据教育管理信息系统 2015 年的统计，初中教师中拥有 B 级教师资格证书的教师为 1 799 名，拥有副学士学位的教师为 1 549 名，拥有学士或硕士学位的教师为 947 名，拥有其他证书的教师为 107 名，拥有 C 级教师资格证书的教师为 5 072 名，还有部分教师没有任何教师资格证书或学位证书。教育部规定，担任初中教师至少需要获得 B 级教师资格证书或副学士及以上学位，但按照上述标准，初中教师中仅有 33.1% 的人符合担任初中教师的资格标准。

与此同时，初中的净入学率也存在巨大的地区差距，特别是明显的

---

[1] 资料来源于利比里亚教育部官网。

[2] 资料来源于利比里亚教育部官网。

"蒙特塞拉多效应"。首都蒙罗维亚所在的蒙特塞拉多州初中入学人数为90 602人，占全国初中入学人数的54%，毛入学率达到80.5%，比全国的52.7%高出很多。如果将蒙特塞拉多州的数据剔除，全国其他州的初中毛入学率仅为37.4%。[1] 可以说，蒙特塞拉多效应使全国的平均入学率存在极大的失真现象，这种情况在学前、小学、高中、高等教育和职业教育中均同样存在。

（二）初中的主要课程

2011年教育改革法将初中列为高级阶段的义务性基础教育，对所有进入公立和社区学校学习的初中生免除学费，并规定各州的每个学区都应至少有一所公立初中。中学教育（包括高中）的目的是提供满足青少年个人和社会多样化需求的机会，而初中阶段教育的目的是提供小学与高中之间的有机连接。为实现上述目的，初中主要设有七门课程：语言艺术（英语）、法语、普通科学、数学、体育、宗教和道德、社会学。除语言艺术（英语）外，其余六门课程中的学习目标基本与小学阶段相同。语言艺术（英语）的教学目标在小学的基础上增加了一项，即通过划分优先学习内容和学习多种内容，让学生学会注重细节，增强时间意识和培养组织能力。

西非考试委员会利比里亚分会在初中生毕业时举行全国统考。全国统考的4门基本科目是英语、数学、社会学和普通科学，考试成绩为百分制，及格分为60分。最终考试成绩由两部分组成：一是学校的平时测试成绩，二是西非考试委员会的考试成绩；其中前者占比40%，后者占比60%。至少通过4门考试课程中的3门才能获得毕业证书和升入高中学习。[2]

---

[1] 资料来源于世界银行官网。
[2] 资料来源于利比里亚教育部官网。

三、高中教育

2011 年教育改革法虽未将高中教育列为基础教育，但仍将其与初中教育一道列为高等教育之前的中等教育阶段。利比里亚高中分为两类：一是综合性学术教育，主要目标是培养拟进入高等院校继续深造的学生；二是技术和职业教育，主要目标是培养希望学习科学、数学、技术、农业和营养等专业，从事技术工作的学生，属于职业高中教育。职业高中教育因所学专业不同而差别较大，将在第七章进行介绍。本章重点关注普通高中，即综合性学术教育这个类别。

（一）高中教育发展现状

随着利比里亚内战后教育的恢复和发展，高中入学人数持续增加。2007 年到 2015 年，高中入学人数从 55 600 人增加到 105 875 人，差不多翻了一倍。其中，公立学校、私立学校和教会学校人数的增长都非常强劲。公立学校的入学人数增长一倍有余，从 16 212 人增长到 32 678 人，私立学校增长更是接近 2.5 倍，从 16 581 人增长为 41 125 人（见表 5.10）。[1]

表 5.10　2007—2008 学年与 2015 年利比里亚高中学生人数 [2]

学校类型	2007—2008 学年	2015 年
公立	16 212	32 678
私立	16 581	41 125

---

[1] Ministry of Education of Liberia and World Bank. Liberia education sector analysis[M]. Monrovia: Ministry of Education of Liberia, 2016: 25.

[2] 资料来源于利比里亚教育部和世界银行官网。

续表

学校类型	2007—2008 学年	2015 年
宗教	20 335	30 037
社区	2 472	2 035
总计	55 600	105 875

虽然入学人数大幅增长，但高中的入学率仍然较低，全国高中适龄少年的毛入学率仅为 39.4%，女生占比约 46.7%。据估计，2015 年全国 15 至 17 岁的高中适龄少年人口为 223 115 人，其中在高中学习的人数为 32 207 人，仍在小学和初中学习的人数分别为 88 719 人和 75 284 人，未入学的为 26 905 人，未入学率为 12.1%。根据联合国教科文组织的数据，截至 2020 年 6 月，利比里亚共有 707 所高中，其中公立高中 139 所，私立和宗教高中 528 所。与此同时，高中入学方面的地区和性别差距也持续高企，蒙特塞拉多效应在高中的入学人数、毛入学率和性别公平指标等方面均表现得十分明显。2015 年，蒙特塞拉多州高中入学人数为 66 850 人，占全国高中入学总人数的 63%，毛入学率为 70.4%，女生入学人数占比 49.8%；毛入学率最低的是里弗塞斯州，仅为 4.1%；女生入学人数占比最低的是大克鲁州，仅为 30.9%（见表 5.11）。

表 5.11 2007—2008 学年与 2015 年利比里亚各州高中入学情况 [1]

州名	2007—2008 学年	2015 年	女生占比（2015 年）	毛入学率（2015 年）
伯米	690	1 616	39.9%	33.5%
邦	3 196	5 445	44.7%	26.8%

---

[1] Ministry of Education of Liberia and World Bank. Liberia education sector analysis[M]. Monrovia: Ministry of Education of Liberia, 2016: 26.

续表

州名	2007—2008 学年	2015 年	女生占比（2015 年）	毛入学率（2015 年）
巴波卢	105	277	33.2%	4.3%
大巴萨	1 470	2 709	45.3%	21.6%
大角山	121	773	43.2%	8.1%
大各德	962	2 245	40.8%	18.4%
大克鲁	143	528	30.9%	11.6%
洛法	2 121	3 936	37.1%	18.6%
马及比	3 789	7 976	41.4%	54.7%
马里兰	1 833	3 415	40.4%	26.2%
蒙特塞拉多	35 071	66 850	49.8%	70.4%
宁巴	5 497	8 282	44.3%	22.9%
里弗塞斯	47	198	43.4%	4.1%
吉河	234	449	36.3%	8.3%
锡诺	375	1 176	36.3%	15.1%

　　虽然高中的入学、续学和结业人数持续上升，但学校的教学质量却不断下降。2012 至 2014 年，参加西非考试委员会举办的高中毕业考试的学生总数从 25 132 人增加到 27 651 人；其中女生的增长较为明显，从 10 738 人上升到 12 665 人，而女生参加西非考试委员会高中毕业考试的人数占比从 2007 年的 36% 上升到 2014 年的 45.8%。从通过率上看，2007 的通过率为 81%，2012 年为 72.5%，2014 年下降到 46.8%（见表 5.12），呈持续下降的趋势。

表 5.12　2007 年与 2012—2014 年利比里亚高中毕业生参加西非考试委员会
考试情况 [1]

年度	参加考试人数与女生占比				通过人数与通过率		
	男生	女生	总人数	女生占比	男生	女生	通过率
2007	—	—	—	36%	—	—	81%
2012	14 394	10 738	25 132	42.7%	10 770	7 461	72.5%
2013	15 035	11 741	26 776	43.8%	10 448	8 186	69.6%
2014	14 986	12 665	27 651	45.8%	7 273	5 671	46.8%

　　2015 年，参加利比里亚大学入学考试的 2.5 万名考生竟无一人通过考试的事件激起全社会对教育部门的强烈愤慨和谴责。时任总统瑟利夫要求对教育部门进行全面改革，强调必须共同努力解决这一问题。为平息公众的愤怒情绪和落实瑟利夫的指示，教育部专门召开教育利益相关者会议，以分析存在的问题，并达成一项联合决议，宣布利比里亚教育进入国家紧急状态。决议提出了一些优先事项，最重要的是努力尽快提高学生的学习成绩。但导致教育质量不高的因素很多，既有教育基础设施差等硬件和外部环境因素，也有教师质量和学生素质低等人文问题，并非一朝一夕能够解决。2016 年，参加西非考试委员会考试的 46 927 名高中生中仍有 22 671 人不及格，通过率仅为 48.31%。主要原因之一是高中教师队伍中通过培训并获得任职资格标准的教师仅有 2 219 名，约占全体高中教师的 33.9%。[2]

---

[1] 资料来源于利比里亚教育部官网。

[2] Ministry of Education of Liberia and World Bank. Liberia education sector analysis[M]. Monrovia: Ministry of Education of Liberia, 2016: 26.

（二）高中的主要课程

综合性学术高中的主要课程共有 11 门。和初中与小学相比，删减了一些课程，增加了一些课程，如生物、化学、经济学、物理和历史等。

高中阶段依旧有英语课程。和前两个阶段相比，高中英语课程的教学和学习目的是让学生获得较高水平的英语阅读、写作和演讲能力。主要目标如下：熟练掌握英语语法结构；能够根据要求撰写各种文章和公文，具备书面沟通能力；学会制定计划、组织材料和研究分析问题；能够运用各种写作技巧；掌握根据听众和主题撰写演讲稿并发表演说的技能；在回答问题或写作时，能够富有想象力和创造性地思考熟悉和不熟悉的主题，使用简明和有感染力的语言表达自己的观点。

高中数学课程的教学和学习的目标也有所提高。主要目标如下：使学生获得必要的技能以成为问题解决者和明智的决策者；能够理解数学与全球化世界之间的联系；将数学应用到现实的生活实践中去；在代数、几何、三角和微积分的学习中取得好成绩。

在高中新增加的课程中，生物学的总体教学与学习目标是为学生提供学习生物体结构和功能变化的机会，并认识环境对生物的影响。生物课的课程规划包括：了解生活中的生物知识；培养学生对自然及其在生物生存中重要性的认识；让学生掌握观察、分析和理解生物学科的基础知识与推理技能；培养学生解决问题的科学态度和敏锐的好奇心、创造力、创新精神和批判性思维；让学生理解与生命科学相关的基本原理。[1]

化学课程的总体教学目标是为了让学生理解科学研究和实践是如何进行的，并使学生意识到科学研究的结果可以对个人、社区和环境产生积极或负面的影响。课程的主要目标如下：了解化学的基本原理，以及如何将这些原理应用于熟悉和不熟悉的环境；培养学生对化学的浓厚兴趣；让学

---

[1] 资料来源于利比里亚教育部官网。

生获得基本的实验室知识以及批判性的思维和观察、收集数据、分析、研究及阐述的技能；培养学生解决问题的科学态度、创造力和创新精神。

物理学课程是为了让学生很好地掌握物理学的基本概念，使学生侧重于认识和理解科学的现象、事实、概念、理论、规律和原则，通过充足的实验让学生学习和应用物理学知识，并形成批判性思维。主要教育和学习目标如下：理解物理学的基本原理和应用；学习与物理学相关的实验方法；认识科学方法的有效性和局限性。

经济学有助于学生了解经济的基本概念、原理，掌握分析经济问题的工具，以及更好地理解国家与全球经济决策的基础。主要教学和学习目的是：让学生学习有关经济的必要知识、技能、价值观和态度，以便在经济问题上做出明智的判断或决定。具体目标是：培养学生对经济学基本概念和原理的理解；培养学生分析问题和解决问题的能力与沟通技巧，以便对经济问题做出明智的判断；了解和认识利比里亚和其他国家的基本经济结构；学会研究和分析影响经济的社会问题。

学习地理对于正确理解人类与其所处自然和文化环境的相互作用至关重要。就像人类在地球上的活动不断受到自然环境的深远影响一样，人类的活动也持续影响着自然环境。地理课程的目的是帮助学生学习地理知识和技能，树立可持续发展的价值观和态度。具体教学和学习的目标如下：学习准确和有序地进行地理调查的技能；通过学习和研究，认识关于地球的真实情况，如形状、结构和演化特征等；认识人与自然的相互作用；将地理学理论和概念应用于解决现实生活中的问题。

历史学作为一个有效传承文化遗产的媒介对曾经发生政治动荡和内战的利比里亚非常重要，它能帮助学生培养收集、分析和解释数据的能力，并根据所能得到的证据解释人的行为。历史课程教学的目的是使学生了解利比里亚和其他国家的详细历史，并让学生认识到学习历史与现实生活的联系，特别是团结与和平解决冲突的必要性。具体目标如下：培养学生对学习历史重要性的认识；理解历史知识和学会进行比较分析；培养高度的爱国意识；培养学生尊重和平与团结的价值观，学习和平解决冲突所需的技能。

阅读和欣赏文学作品对学生智力的提升具有重要作用，学习文学课程有助于学生养成批判性的思维能力，塑造学生对人类问题的道德判断，并使学生感到身心愉悦。文学课程的主要教学目标如下：区分各种类型的文学作品及与其相关的写作技巧；将阅读文学作品作为了解生活在不同环境中的人类交流思想的有力工具；学习文学中所展示的如何有效使用和组织语言的技巧，掌握有效组织语言所需的技能；培养使用语言的敏锐性、想象力和创造力。

上述课程的核心科目为英语、社会学、数学，以及包括化学、生物与物理在内的科学。高中毕业时，学生需参加由西非考试委员会组织的全国性高中毕业考试。考试科目分为三组：一是核心科目英语、数学；二是普通科目经济学、历史、地理和文学；三是核心科学科目生物、化学和物理。学生可选择参加 8 个或 9 个科目的考试。考试成绩被划分为 9 个等级，一等为优秀，二等为良好，三等为好，四至六等为认可，七至八等为及格，九等为不及格。最后分数根据两项内容评定，一是学校的平时测试成绩，二是西非考试委员会的考试成绩，前者占比 30%，后者占比 70%。获得高中毕业证书的学生至少须获得 6 个科目的及格分，包括 2 门核心课程和另 2 组课程中每组 1—3 门的及格分。通过西非考试委员会的毕业考试是进入承认西非考试委员会考试成绩的高等院校所需条件之一。获得一等成绩的学生可直接申请承认这一成绩的大学或学院；未获得一等成绩的学生若申请此类大学或学院，需参加申请学校或学院的入学考试。[1]

---

[1] 资料来源于利比里亚教育部官网。

第二节 基础教育的挑战和对策

总体上看，利比里亚的教育系统在内战结束后得到较大恢复和发展，但其中的一些成果受到 2014 年和 2020 年暴发的埃博拉病毒和新型冠状病毒疫情的冲击。疫情不仅对经济社会发展造成不利影响，因疫情而暂时关闭学校对学生的连续学习、教学质量、学生入学率和教育系统改革等都造成了负面影响。受经济发展水平较低、人口持续增长、基础设施薄弱和教育投入不足等影响，利比里亚的基础教育仍面临教育资源不足、发展不均衡、教育质量低和卫生环境差等多方面挑战。

一、面临的挑战

（一）人口高速增长与教育资源不足

作为一个人口相对年轻的国家，利比里亚大约 40% 的人口年龄在 15 岁以下，约三分之一的人口年龄在 15—35 岁，人口增长率将长期保持在 2.5% 左右的高位。预计到 2030 年，全国人口总数将比 2008 年人口普查时的 3 489 072 人增加一倍，青少年在总人口中的占比相对较高的情况将长期存在。[1] 人口持续增长和学龄儿童与青少年人数不断上升，对各阶段教育，特别是高质量教育日益增加的需求，形成严峻挑战。

虽然利比里亚政府在国际机构和双边捐助国的援助下修复和新建了部分小学、初中和高中学校，但因财政资源有限，利比里亚的教育支出在政府预算中的占比与周边国家和国际平均水平相比仍有较大差距。教育部不

---

[1] 资料来源于联合国人口基金会官网。

仅无力大幅增加对公立教育系统的投资，甚至无法从政府预算中获得为公立学校购买所需课桌、课本、教学资料等物资的资金，更无钱增加对教育基础设施的投入，不仅学校数量难以满足日益增加的学生入学需要，学校的建筑质量也存在许多亟待改善的问题。

一些学校虽然有坚固的校舍，但却没有厕所、洗手池，或者即使有厕所也容量不足，仅有 58% 的学校有供男女学生和男女教职员工分开使用的厕所。学校的图书馆、实验室、教学仪器，特别是现代通信和电子设备要么根本不存在，要么难以满足教学和学习需要。例如，截至 2020 年，仍有近 65% 的学校没有图书馆。[1]

（二）教育资源分布不均与受教育机会不均衡

首先，教育资源的分布在地区之间存在较大差距。尽管私人和宗教机构所办的小学、初中和高中数量与招生人数都在增长，但宗教机构特别是私人投资者所办学校出于赢利考虑不太可能开办在相对贫困和偏远的农村地区，向这些地区提供低成本教育的主要任务需由政府承担。

在公共教育资源的关键性指标，如学校数量、适龄儿童和青少年入学率、合格教师人数、学生与教室数量比等方面，经济与交通条件相对较好的州与较差的州、城市与农村之间均存在明显差距。小学、初中和高中的总入学率、女性入学人数、私立学校数量、女教师人数和学生与合格教师比等均受到蒙特塞拉多效应的影响。

学校普查数据显示，一些偏远地区的青少年上初中和高中仍面临不少困难，因为一些学区目前尚无初中和高中学校。截至 2015 年，全国 4 个州中的 5 个学区没有初中，92 个学区中的 36 个学区没有高中，15 个州中的

---

[1] 资料来源于利比里亚教育部官网。

8个仅有6所高中，其中里弗塞斯州仅有1所招生47名学生的高中。由于学校分布不均衡，农村地区希望上初中和高中的学生仍面临无学可上的困难。[1]

其次，利比里亚女性在接受教育方面存在结构性劣势，受教育程度和识字率均低于男性。和同龄男童与青少年相比，女童在各阶段的入学、续学和毕业率方面不仅都较低，而且随着学段的提升呈现持续恶化态势。例如，性别均等指数在小学水平为0.88，而在高中阶段只有0.69。与小学阶段相比，中学阶段的入学和在校生中年级越高，女生与男生比越低，部分原因是进入青春期的女生比男生更可能因结婚、怀孕等被迫辍学养家而无法完成中学学业。2014年的统计数据显示，15—24岁的男性中，30%以上完成了初中及以下阶段的教育，而只有不到15%的女性完成相应教育；完全没有接受过教育的男性为29%，女性则为43%。截至2021年，利比里亚18岁以下青少年女性中40%处于已婚状态。[2]

最后，贫困引起的失学问题较严重。利比里亚政府虽然意识到基础教育的重要性，将小学和初中列为免学费的义务教育，但遗憾的是因各种原因，特别是家庭贫困等限制，仍有大量适龄儿童和青少年未能按2011年教育改革法的要求及时适龄入学，相当比例的小学、初中和高中学生中途辍学。2013年的统计数据显示，来自最贫困家庭的20—24岁青年受教育程度的中位数为3.1年，来自贫困和农村家庭的年轻女性平均受教育年限仅为1.8年，而来自富裕和城市家庭的男性青年平均受教育年限为10.6年。[3]对出身较贫穷家庭的儿童和青少年来说，无法缴纳学习用具、校服等费用是他们上不起学的主要原因。此外，许多家庭以务农为生，或者没有正式职业，家长会让本来应该上学的子女充当劳动力、街头小贩来赚钱维持全家

---

[1] 资料来源于利比里亚教育部官网。
[2] 资料来源于联合国教科文组织官网。
[3] 资料来源于联合国教科文组织官网。

人的生存。所以，尽管有关于义务教育的立法，但法律在落实过程中遇到很多现实阻力。

（三）教育质量低

利比里亚教育部、国际援助机构和教育专业人士分别对利比里亚教育系统进行了评估，均将教育质量差列为教育系统面临的重要挑战之一。导致教育质量差甚至下降的原因较多，但主要有以下几个方面的原因。

从教师方面看，小学、初中和高中均存在合格教师不足和学生与教师比过高的问题，偏远地区特别是农村学校的合格教师更加缺乏。据教育管理信息系统 2015 年的统计，全国平均 50% 以上的教师尚未拥有他们所教授年级要求的最低教师资格证书。其中，小学合格教师仅有 62.3%，初中和高中分别为 33.1% 和 33.9%。[1] 因教育经费不足，利比里亚公立学校教师的待遇偏低，并经常出现工资被拖欠现象，挫伤了教师的积极性。

利比里亚的课程体系在 2019 年进行了修订。新课程更加强调提高学生的能力，并从利比里亚的政治和社会现实情况出发增加了促进生殖健康的性教育、和平建设、人权、非洲通史和其他以技能发展为基础的新科技和社会问题内容。虽然新课程大纲已经颁布，但绝大多数教师尚未接受教授新课程的培训，未能掌握新课程大纲所提出的以学习者为中心的教学方法与技能。因受新冠疫情的影响，与新课程相关的教材、练习册和教师指南等教学材料直到 2022 年 9 月才首次在国际机构援助下开始全面向全国公立学校发放。

从硬件环境看，由于缺乏现代教学设备，课堂教学仍以传统的讲授为主，缺乏现代教育气息。因公共交通匮乏，为方便学生到校和回家，中小

---

[1] 资料来源于利比里亚教育部官网。

学上课时间一般为上午10点至下午2点，教师平均每周的授课时间约为11小时。与非洲其他国家相比，学生的学习和教师的授课时间均偏短，对学生产生严重的不利影响。中小学教师授课时间偏短也使他们有时间去做其他事，比如，到幼儿园或私立与宗教学校代课以赚取额外收入，因而影响正常学校的教育质量。

从监管方面看，多数校长未受到履行管理学校的专业培训。联合国和世界银行的调查研究发现，大多数州、学区教育委员会成员和教育官与办公室工作人员没有接受过与工作相关的专业培训；多数校长没有与工作相关的专业学位、文凭或资格证书；家长教师协会成员文化水平较低，缺少对国家教育政策的深入了解和对校长与教师的监督意识与能力。加之利比里亚的中小学没有全国统一的质量标准，使得各州和各区教育委员会等很难对校长和教师的职责进行界定与问责，导致一些校长和教师对教育质量不负责任。

（四）学校卫生环境与学生健康问题

尽管在国际机构和包括中国在内的双边援助国的帮助下，利比里亚教育部已经为全国各地的很多公立和社区学校挖掘了受保护的水井，但截至2020年，仍有40%的学校没有任何供水。即使是有水井的学校，因井水供应量有限，一些学校在旱季时也缺乏足够的供水保障。

利比里亚长达半年的雨季几乎每天有雨，加上卫生环境较差和公共卫生设施缺乏，全国少年儿童，特别是贫困家庭的儿童和青少年，普遍受营养不良、健康状况不佳和传染病流行的困扰，严重影响他们的入学与到校率和学习成绩。腹泻、疟疾和寄生虫感染等多年来一直是利比里亚学生的高发疾病。除2014年暴发的埃博拉疫情外，2022年传入许多国家的猴痘疫情几乎每年都会在利比里亚的部分地区发生。艾滋病也是另一个让人担忧的传染病。截至 2019 年，估计有 3 900 名 0—14 岁儿童感染艾滋病毒，28 000 名 18 岁以下儿童因艾滋病而成为孤儿。[1]

二、应对策略

解决教育领域面临的各种挑战对落实法律规定的人人享有教育权和国家的未来发展具有重要意义。利比里亚政府，特别是教育部，在国际机构和双边援助国的帮助下制定的一系列教育行业发展计划和政策中都提出了应对上述挑战的对策，主要目标是确保所有学龄儿童和青少年接受和完成高质量的义务教育，并确保尽可能多的初中毕业生能够继续学习和完成高质量的高中或同等教育。

（一）加强基础设施建设，提高教育公平性

1．增加基础设施建设投入，减少地区之间教育机会不均衡现象

通过增加财政投入和争取国际机构、双边援助国与国内外慈善基金援助等方式，继续推进改善和扩大中小学基础设施的计划，修缮和新建更多小学和中学。在修复和新建中小学方面优先向没有或缺少中小学的州和学区倾斜，争取尽快在每个学区建设一所初中，在缺少高中的州和学区新建 25 所高中，减少地区之间教育资源分布不均的问题。

在利比里亚政府的努力争取下，世界银行执行董事会于 2019 年 7 月批

---

[1] 资料来源于世界卫生组织官网。

准国际发展协会向利比里亚提供 4 700 万美元，用于资助"改善利比里亚中学教育效果项目"。项目主要用于改善中学教育质量；增加中学教育的可及性以及提高高中学生，特别是女生的毕业率；在缺少高中的州和学区修复、改善、建设和扩大高中学校等。[1]

2．为贫困家庭子女和女生提供帮助

利比里亚政府努力争取联合国儿童基金会等国际机构、双边援助国和国内外慈善基金的援助，继续推进和扩大向在校学生提供学生餐的项目。在财力允许的情况下，政府将继续推进尽可能降低贫困家庭子女基础教育阶段学习费用的政策，以鼓励更多家庭，特别是贫困家庭，将子女送进学校学习、增加出勤率并减少辍学率；制定和推进全国性的宣传活动，让社区、家长和学生了解基础教育的重要意义，使更多家长认识和遵守教育改革法，提高中小学的入学率、升学率、续学率和毕业率。

为了解决女童上学问题，利比里亚政府制定了《女童教育政策》和《性别公平教育与实施计划》。政府通过向贫困家庭的女生提供奖学金、书包、校服和学习材料，开办课后辅导班和女性俱乐部，提供生活技能培训等方式提高女生入学率。此外，教育部要求师范学院在招生时招收一定比例的女生，为中小学培养更多女教师。

（二）采取综合措施，努力提高教育质量

1．加强对教师、督学和校长的培训

利比里亚政府将派遣留学生到国外学习教育专业，学成回国后将他们

---

[1] 资料来源于世界银行官网。

派往利比里亚大学和威廉·杜伯曼大学的师范学院和三所农村教师师范学院任教，以加强对教师、督学和校长的培训力量；设立鼓励在职教师进修的奖学金项目，支持在职教师接受培训或攻读学位，要求农村特别是偏远地区的教师在培训结束或获得学位后回到支付其奖学金的州和学区任教；为无法脱离工作岗位的教师提供网络课程培训；支持利比里亚大学和威廉·杜伯曼大学扩大培养大学毕业生担任高中教师的研究生课程，努力提高女性教师在中学教师中的比例，力争通过培训将合格教师比例在 2023 年提高到 60%；在财力许可的情况下，向中小学教师，特别是农村和偏远地区的教师提供更好的工资、补贴和住房等待遇，设法减少农村和城市之间合格教师分布不平衡的差距；制定特殊教育教师培养计划，为那些因残疾无法获得正常教育的学生提供特殊教育。

２．向所有公立和社区学校分发教材

利比里亚政府将及时、足量地为所有公立和社区学校发放教材等必要的教学材料。在向近 2 500 所公立学校的 373 845 名学生提供四门核心课程课本与相关教师指南基础上，利比里亚教育部又在全球教育伙伴关系组织资助下，于 2022 年 9 月首次向全国公立学校分发新修订的 1—12 年级（小学至高中）国家课程课本、学习工具包、练习册、残疾人学习工具包、教师指南和其他学习材料等，以推进全国教育体系学习材料的标准化，提高中小学的教育质量与学习效果。[1]

---

[1] 资料来源于利比里亚教育部官网。

3．改善中小学的信息与通信技术

利比里亚政府将为公立中小学采购名为"智能盒子"的数字图书馆项目，同时支持利比里亚大学等机构完善远程学习平台，通过广播和数字方式向全国提供聚焦于增强计算、阅读和听力能力的免费课程。

4．改进对中小学教育质量的监督检查和评审

政府将加强对学校校长和教师的监督，增强州和学区教育委员会与教育官员办公室对辖区内学校教学质量监督检查的能力，同时鼓励家长协会和学校所在社区积极参与学校事务。政府还将向全国公立中小学学校派遣训练有素的指导顾问，增强学校落实教育法和教育计划的能力，并通过学校质量保证工具加强对校长和教师的问责制。

（三）努力改善学校的卫生环境

利比里亚教育部和卫生部积极争取国际机构、双边援助国和国内外慈善基金会的支持，继续加大改善和新建中小学供水、厕所和洗手池设施。联合国儿童基金会和世界卫生组织等与利比里亚卫生部和教育部制定了每个学期开始时向所有州的学校和周边社区 6—15 岁的儿童与青少年分发除虫药和营养补充剂的计划，以增强学生的体质和降低寄生虫病发病率，并对州和学区的管理者及教师进行分发和使用除虫药物的培训。2016—2017 学年第一学期开学时，共向 120 万名基础教育阶段的学生分发了除虫药。[1]

---

[1] 资料来源于联合国儿童基金会和世界卫生组织官网。

为减少中小学教职员工和学生感染或传播艾滋病毒的可能性,利比里亚教育部和卫生部在国际机构帮助下持续实施监控教育行业艾滋病和艾滋病毒的行动计划,在学校积极开展治疗艾滋病与预防艾滋病毒传播的宣传活动。

第六章 高等教育

利比里亚的高等教育系统与国家的历史传承密切相关。作为建国后美国黑人移民曾长期掌握政权的国家，利比里亚的高等教育深受美国影响。1862年，利比里亚政府创办了第一所公立高等教育机构利比里亚学院。学院的建筑和课程都模仿美国，被称为世界上第一所美国本土之外授予美国学位的学院。该院最初的主要招生对象是美国黑人移民及其后裔。直至今日，利比里亚的高等教育体系仍深受美国影响，许多院校的多数教师和管理人员都是美国高等院校的毕业生。

第一节 高等教育的发展现状

利比里亚将所有高中以上的院校都归类为高等教育，包括初级学院、社区学院、理工学院、神学院、大学和职业教育学院等。从办学主体上看，高等教育机构主要分为公立、宗教和私立院校（其中社区学院因系政府出资创办，所以有时会并入公立院校进行统计）。对经历过内战严重破坏的利比里亚来说，需要受过高等教育的毕业生来取代许多在战争期间逃离并在战后未再回国的人才。内战后首任总统瑟利夫在访问利比里亚大学时强调，高等教育在国家发展中具有重要作用，期望高等教育能起到利比里亚内战后恢复和重建的领导作用。

利比里亚教育部在 2010 年制定了《2010—2020 年教育行业计划》。该计划指出，人们生活在一个越来越复杂的世界之中，知识日益成为社会和经济发展的关键驱动力。在当今的知识经济社会中，高等教育在知识创造和传播方面的重要作用使其成为国家发展的重要动力，让更多国民接受高等教育对国家的发展越来越重要。内战后的几届利比里亚政府均十分重视通过制定推动高等教育发展的政策和争取国际援助促进高等教育发展。高等教育院校数量、学生和教师人数等都有所增长，但高等教育基础设施、入学率、教师的数量和素质与教学质量等均有待提高。[1]

一、基本情况

（一）高等院校分类

在第一共和国时期，利比里亚仅有为数不多的几所公立大学、学院、宗教学院和农村教师师范学院。2003 年内战结束后，在需求上升和政府支持下，利比里亚的高等院校数量持续增长，从 2010 年的 26 所增加到 2012 年的 30 所、2014 年的 33 所、2018—2019 学年的 39 所、2019—2020 学年的 46 所、2020—2021 学年的 53 所、2022 年的 54 所。[2] 其中，公立高等院校主要有利比里亚大学、威廉·杜伯曼大学、9 所社区学院和 4 所师范学院；宗教机构所办的大学和学院共有 22 所，如卡廷顿大学、非洲卫理公会圣公会大学、非洲卫理公会锡安大学学院和斯特拉·玛丽丝理工大学等；私立

---

[1] Ministry of Education of Liberia. The education sector plan of Liberia–a commitment to making a difference 2010—2020[M]. Monrovia: Ministry of Education of Liberia, 2010: 174.

[2] 资料来源于利比里亚国家高等教育委员会官网.

大学和学院共有 17 所，如斯塔茨理工学院、斯迈思管理与技术学院等（见表 6.1）。宗教及私立大学和学院中很多为外国连锁大学或学院在利比里亚设立的分校。

表 6.1 利比里亚公立、私立和宗教机构高等院校 [1]

公立	私立	宗教机构
利比里亚大学（原名利比里亚学院，1862 年）	利-谢尔曼社区学院（蒙罗维亚，1976 年）	卡廷顿大学（1889 年）
威廉·杜伯曼大学（1978 年）	利比里亚合作标准师范学院（1994 年）	利比里亚上帝圣经晨会学院（蒙罗维亚，1980 年）
伯米州社区学院（2005 年）	林肯专业研究学院（蒙罗维亚，1997 年）	蒙罗维亚圣经学院（1984 年）
大巴萨州社区学院（2008 年）	斯迈思管理与技术学院（蒙罗维亚，1999 年）	利比里亚浸信会神学院（蒙罗维亚，1975 年）
大吉达州社区学院（2009 年）	圣克莱门茨大学学院（蒙特塞拉多，2010 年）	非洲圣经学院大学（宁巴州，1977 年）
宁巴州社区学院（2010 年）	利比里亚杜哈技术学院（蒙特塞拉多州，2011 年）	非洲卫理公会圣公会大学（蒙罗维亚，1995 年）
洛法州社区学院（2011 年）	斯塔茨理工学院（2012 年）	非洲卫理公会锡安大学学院（蒙罗维亚，1995 年）
邦州技术学院（2013 年）	布鲁克雷斯特大学学院（加纳同名大学分校，2014 年）	杰克纪念浸信会学院（蒙罗维亚，1995 年）
哈贝尔学院（马及比州，2014 年）	布什罗德理工学院（蒙罗维亚，2016 年）	利比里亚卫斯理学院（蒙特塞拉多州，1995 年）
锡诺州社区学院（2017 年）	塞恩希尔学院（蒙特塞拉多州）	联合卫理公会大学（1998 年）

[1] 资料来源于利比里亚国家高等教育委员会官网。

续表

公立	私立	宗教机构
宁巴州大学学院 （2010 年）	塞普里斯国际大学 （蒙特塞拉多）	三一圣经学院 （马及比州，2001 年）
佐尔佐尔农村教师培训 学院（洛法州）	巴塞尔大学学院 （蒙特塞拉多，2016 年）	斯特拉·玛丽丝理工大学 （蒙罗维亚，2005 年）
卡卡塔农村教师培训学 院（马及比州）	希尔城市理科大学 （蒙特塞拉多，2019 年）	基督教神学院 （蒙罗维亚，2007 年）
威博农村教师培训学院	最佳大脑国际大学学院 （蒙特塞拉多，2018 年）	利比里亚国际基督教学院 （宁巴州，2008 年）
布克·华盛顿学院	苏莫·莫耶纪念技术学院 （邦州）	利比里亚愿景国际基督教学院 （蒙特塞拉多州，2009 年）
—	利比里亚网络技术和职业学 院（蒙特塞拉多，2007 年）	自由五旬节派学院 （洛法州，2010 年）
—	基督教领导方法培训学院 （宁巴州）	西非基督复临安息日会大学 （马及比州，2010 年）
—	—	救世军理工学院 （蒙罗维亚，2018 年）
—	—	拉菲基古典教育学院 （马及比州）
—	—	信仰学院（马及比州）
—	—	福音基督教神学院
—	—	变革动因网络学院（洛法州）
15 所	17 所	22 所

根据法律规定，大专院校只能授予专业文凭和副学士学位，只有官方认证的学院和大学才能授予学士和硕士学位。专业文凭和副学士学位的学习时间一般为 1—2 年；大学本科的学习时间一般为 4—5 年，最多可申请延长至 7 年；硕士研究生的学制一般为 1—2 年，最多可申请延长至 6 年。大

学或学院每学年分为二个学期，但也有一些大学和学院在假期开设有可供学生选修学分的课程。利比里亚大学、卡廷顿大学、西非基督复临安息日会大学、斯塔茨理工学院、斯迈思管理与技术学院等开办有硕士研究生专业。

（二）高等院校的入学与毕业标准

根据利比里亚教育部和国家高等教育委员会的规定，除少数职业院校外，申请进入高等院校学习的学生必须拥有高中毕业证书或同等学力，其中获得西非考试委员会高中毕业考试一等成绩的学生可免试入学，获得其他等级成绩的申请人需参加各校举行的入学考试，通过考试的学生才能被录取。

高等院校学生需获得相关专业所要求的学分，并达到一定的平均绩点方能毕业。本科学生一般需获得 130 个左右的学分和平均 2.0 以上的绩点方能获得毕业证书；未达到标准的学生可申请延期毕业，但本科生的在校学习时间一般不得超过 7 年。各大学对申请攻读硕士学位的入学标准不尽相同，其中利比里亚大学要求申请人的平均成绩绩点为 3.0 及以上，威廉·杜伯曼大学则要求为 2.0 及以上。[1]

利比里亚国家高等教育委员会于 2010 年 6 月进行了首次高等教育机构人口普查，2012 年进行了第二次普查。普查后发表的《高等教育状况：机构人口普查》和补充报告显示，2009 年以来，利比里亚高等院校的入学人数显著增加；2009—2010 学年至 2011—2012 学年，大型大学的入学人数平均每学年增长 14%，其中利比里亚大学增长近 10%。据利比里亚教育管理信息系统和世界银行的统计与估计，2007—2008 学年高等院校入学人数为 27 954 人；2009—2010 学年为 33 470 人；2011—2012 学年为 43 843 人，其中男生为

---

[1] 资料来源于利比里亚国家高等教育委员会、利比里亚大学、威廉·杜伯曼大学官网。

27 585 人，女生为 16 258 人，女生占比约为 37%；2015—2016 学年为 55 000 人；2017—2018 学年为 51 679 人。[1]

（三）高等院校师资情况

尽管教师的招聘情况有所改善，但大学的运营和教学质量却因高素质教师数量较少而受到限制。截至 2011—2012 学年，利比里亚提供硕士和学士学位教育的大学中有博士学位的教师不到 100 人，有硕士学位的教师不到 500 人（见表 6.2）。大学的全职教师数量增长十分有限，但兼职教师的数量有所增长。兼职教师的增长与扩招和全职教师不足有关。超过三分之一的高等院校位于蒙特塞拉多州，这为许多院校共享教师资源创造了便利。再加上讲师和教授的薪酬普遍偏低，也使得他们需要通过兼职增加收入。虽然高等院校可通过聘用兼职教师节约经费，但势必影响教师授课、从事科研、充实和提高自己的时间，进而影响教学质量和学生的学习效果。

表 6.2 2009—2010 学年与 2011—2012 学年利比里亚可以授予

硕士和学士学位院校的教职员工资格统计 [2]

教师学位情况	全职教师		兼职教师	
	2009—2010 学年	2011—2012 学年	2009—2010 学年	2011—2012 学年
博士	57	55	31	38
硕士	440	448	217	489
学士	245	208	59	269
副学士	5	3	2	7

[1] 资料来源于利比里亚国家高等教育委员会官网。

[2] 资料来源于世界银行官网。

　　为了确保教师将更多时间用于教学，并留住高水平的师资，利比里亚大学努力提高教职员工工资。其中，拥有博士学位的教师月薪从 2007 年的 125 美元增加到 2011 年的 1 300 美元，初级教师的月薪从 45 美元上升到 780 美元。

（四）公派留学生

　　为弥补高层次人才的不足，特别是利比里亚缺少的关键领域的专业人才，政府在教育经费严重不足的情况下仍拨出一定经费派遣留学生出国留学，攻读硕士或博士学位。平均每年用于公派留学生的经费大约是 210 万美元。获得出国留学奖学金的学生须与政府签署一份谅解备忘录，同意毕业后返回利比里亚，至少为政府工作两年。留学奖学金优先考虑资助的专业为科学、农业和教育等对利比里亚的发展具有战略地位的学科。[1]

二、主要高等院校简介

（一）利比里亚大学

1. 大学简介

　　利比里亚大学的前身是 1862 年由美国纽约殖民协会和美国在利比里亚设立的教育捐赠信托公司援建的利比里亚学院，1951 年改为现名，成为利比里亚规格最高和招生人数最多的综合性大学。

　　利比里亚大学的使命是为教学、研究、公共和私人行业及人类可持续

---

[1] 资料来源于利比里亚教育部官网。

发展千年目标做出贡献。大学的愿景是探寻真理和知识，珍视与激励研究和教学，为优秀学生和研究人员创造富有想象力的自由学术环境。大学的校训是：卓越，自主，真理与知识，纪律，诚信和责任。

截至 2022 年 8 月，利比里亚大学共有 4 个校区，包括国会山校区、芬德尔校区和斯塔茨–辛吉校区等。利比里亚大学共有 8 个学院，4 个职业学院、5 个研究生专业和一些研究所。这 8 个学院分别是社会科学与人文学院、商业与公共行政学院、科学与技术学院、农业与林业学院、工程学院、师范学院、招收 28 岁以上成年人的综合学习学院、招收成绩优秀的本科生的研究与跨学科学习荣誉学院；4 个职业学院分别为法学院、卫生学院、生命科学学院、药学院；研究生专业分别为商业和公共管理专业、教育管理和监督专业、国际关系专业、地区计划专业、环境研究与气候变化专业。此外还有科菲·安南和平与冲突转型研究所、人口研究所、孔子学院，以及教学中心、计算机实验室、图书馆和电子校园等教学设施。

利比里亚大学由董事会与校长兼首席执行官负责管理。董事会负责制定大学的战略发展方向和财政预算。董事会的规格非常高，主席由利比里亚总统担任，成员包括校长、3 名参议院参议员、5 名众议院众议员、2 名校友会代表、3 名商界代表、7 名总统提名的成员和教育部部长。董事会推选一名成员担任副主席并代主席主持董事会会议。除总统、教育部部长和校长外，董事会成员任期 4 年，可根据需要推选连任。董事会下设常设委员会，并可根据需要设立特别委员会。常设委员会下设执行委员会、提名与任命委员会、预算与财务委员会、发展委员会、政府关系委员会、学生 – 校友委员会和教师福利委员会。

截至 2022 年 8 月，利比里亚大学有 18 753 名学生，1 216 名教师，约 1 300 名后勤辅助员工。[1]

---

[1] 资料来源于利比里亚大学官网。

2．利比里亚大学教学中心

利比里亚没有专门的教育研究机构，教育部的相关研究和培训任务多数委托给为数不多的几所开办有师范学院的大学和农村教师师范学院，其中设在利比里亚大学师范学院的教学中心除作为本校的研究与教学实验基地外，也承担全国教学研究和实验的任务。中心的主要作用是帮助教师学习教学和课堂管理的概念和方法，制定和促进利比里亚大学及全国所有教育机构的卓越教学和高效学习计划，以创造一种新的研究和教学模式并向全国所有学校推广，最终成为帮助教师成为卓越教育家的平台。

该平台的主要目标如下：利用信息和通信技术开展适合 21 世纪形势发展的教学研究与实验；支持基于诚信和卓越教学的教师学习和教学实践，评估和推广以学生为中心的教学方法；致力于培养教师的卓越领导、教学和规划能力，并将科研作为提供优质教育的标志；通过辅导和提供具有全球竞争力的学术技能支持教师的学习。[1]

（二）卡廷顿大学

卡廷顿大学的前身是美国新圣公会于 1889 年在马里兰州建立的霍夫曼学院，后更名为卡廷顿学院与神学院。1929 年，学院因经济等原因被关闭。1949 年，在时任布拉维德·哈里斯主教和杜伯曼总统推动下，卡廷顿学院与神学院重新开放并获得政府捐赠的 6 平方千米的土地。这片土地位于地处内陆地区的邦州。建成后的卡廷顿学院与神学院能够授予学位，且是男女同校的 4 年制文科学院，这种院校在当时撒哈拉以南非洲国家中为数不多。20 世纪 70 年代初，该学院更名为卡廷顿大学学院，2005 年变为现在的卡廷顿大学。校训为"拥有神圣与智慧"。

---

[1] 资料来源于利比里亚大学官网。

截至 2022 年 8 月，卡廷顿大学已发展成为拥有三个校区的综合型大学。本科教育位于邦州的主校区，研究生和专业研究学院及行政管理与学术机构位于蒙罗维亚的杜伯曼大街，大专教育校区位于蒙罗维亚以北约 100 千米处。卡廷顿大学拥有四大教育板块。一是授予副学士学位的卡廷顿专科学院，主要有农业系、商业与公共行政系、自然科学系、教育系、护理系、文科系和流行病学系。二是大学本科学院，主要有卫生科学院、农业与可持续发展学院、人文与社会科学学院、商业与行政管理学院、自然科学学院、师范学院和神学院；此外，还设有和平与冲突解决研究所。三是研究生与职业学习学院，主要有商业与行政管理学院、教育学院、全球事务与政策学院、卫生科学院和神学院；该院除能够授予硕士学位外，还可以向学生提供进一步深造以获得博士学位的教育。四是职业学习学院，面向个人、商业和工业企业提供职业教育。

卡廷顿大学董事会由 12 名董事和 3 名荣誉董事组成，成员为担任董事会主席的圣公会教堂牧师、副主席兼秘书、司库、校友会主席、教育部部长、邦州州长、邦州 1 名参议员、第五选区众议员以及美国相关教会的 3 名荣誉董事。董事会主要负责大学的发展规划、财政预算和重要人事任命。[1]

第二节 高等教育的挑战和对策

一、面临的挑战

利比里亚的高等教育虽然在内战后得到较快恢复与发展，但因各种主客

---

[1] 资料来源于卡廷顿大学官网。

观因素的限制，仍存在基础设施薄弱、招生数量有限以及地区与贫富差距严重、教师人才不足、教学质量不高、专业和课程设置与劳动力市场需求不匹配、高等教育管理机制不统一、教育投入难以满足发展需求等方面的挑战。

（一）基础设施薄弱

在长达 20 多年的政治动乱和内战期间，利比里亚高等教育设施受损严重，院校陆续关闭，包括建筑、设备、图书馆、实验室在内的基础设施被破坏或洗劫。瑟利夫总统在谈到利比里亚大学遭受的重创时曾哀叹，该大学 90% 以上的设施，包括电脑、书籍和打字机都被抢劫和毁坏，教科书、期刊和珍本书籍等约 200 万册图书馆馆藏资料中超过四分之三被毁，主校区 70% 的综合建筑、医学院 80% 的设施和 50% 的宿舍遭到破坏。内战后一些院校的硬件设施虽然得以修复和重建，但大量对教育和学习具有重要作用的资料却永远丢失。[1]

私立高等院校数量的快速增长并未带来学术标准的提高或教学创新。因经济发展水平较低和政府财政入不敷出，政府对高等教育的资本投资十分有限。多数大学和学院的招生人数不到 500 人，靠收取学费和捐助维持日常运营，缺少足够的资金投入。多数院校的基础设施都十分薄弱，难以跟上现代科技日新月异的发展步伐。所有院校都存在教室不足，图书馆、实验室和其他提高教学质量的资源短缺问题。因缺乏科学实验室和难以获得现代技术，利比里亚的高等院校推动创新的能力非常有限。甚至作为全国最高学府的利比里亚大学，截至 2015 年仍有一些容纳上百名学生的教室缺少麦克风或投影仪等简单的教学设备。为了缓解过度拥挤，大学不得不将学生分为两组，按月轮流上课和休息。

---

[1] 资料来源于利比里亚教育部官网。

（二）入学率低且存在严重不公

尽管利比里亚政府做出了巨大努力，一些宗教机构和私人投资者也兴办了一定数量的高等院校，高等院校的招生数量持续增长，但仍然难以满足经济发展的需求和越来越多年轻人接受高等教育的愿望。2014 年的利比里亚家庭收入与开支调查显示，仅有不到 8.1% 的人口能够获得高等教育，其中男性为 10.8%，女性为 4.6%，这在全球来看都处于较低水平。[1]

高等院校的布局不均衡导致全国在接受高等教育方面存在巨大的地区差距。多数高等院校集中在首都蒙罗维亚所在的蒙特塞拉多州，再加上多数院校缺少学生宿舍，致使偏远地区和穷困家庭的学生难以企及。

接受高等教育的机会受到学生家庭经济地位的显著影响。2014—2015 年的家庭收入和支出调查显示，全国高等教育毛入学率为 3.14%，但占全国人口五分之一的最富有家庭子女的入学率为 57.14%，来自最贫困的五分之一家庭的子女入学率仅为 0.71%，这一比例还未包括在国外高等院校留学的富裕家庭的子女。政府奖学金的颁授和学校收取学费时缺少照顾低收入家庭学生的政策，金融机构也几乎没有向贫困学生贷款的制度，致使大量出身贫寒的学生无法获得接受高等教育的机会。[2]

2012 年，在全国高等院校就读的女生的比例为 37%，但在最有声望的利比里亚大学学生中，女性的比例仅略高于 25%。在科学、技术、工程和数学专业，女性的比例更低。例如，2012 年，高等院校毕业的女性中只有 4.8% 的人完成了科学课程。[3]

---

[1] 资料来源于利比里亚国家高等教育委员会官网。

[2] 资料来源于利比里亚国家高等教育委员会官网。

[3] 资料来源于世界银行官网。

（三）教学质量存在系统性缺陷

高等教育的教学质量存在系统性缺陷，体现在合格教师数量不够、缺乏科研理论和创新实践、学生学习能力差以及缺少统一的国家考试与评估机制等方面。高等院校在内战中遭受的最大损失是大量合格教师和管理人员流失，多数人到以美国为主的西方国家避难而未再回国。内战前，利比里亚大学共有 1 400 名教学、研究和行政人员，其中包括 500 名受过国际教育和培训的教员，内战后仅剩下 307 人。美国州立大学协会和利比里亚大学协会的一份联合报告称，内战前，利比里亚大学某系拥有 27 名博士和 24 名硕士，拥有学士学位的员工只能当助教或实验室助教；内战后，该系仅有 2 名博士和 4 名硕士。所以说，虽然内战后经过近 20 年的恢复和发展，招生数量和教职员工的数量都超过了内战前，但高学历教师的比例还未恢复到内战前的水平，很多课程只能让拥有学士学位的教师教授。[1]

因缺乏合格教师，利比里亚大学曾被迫暂停一些高级课程，以集中教育资源提高一个学科和专业的质量。虽然暂停时间仅有一年，但对工商管理、物理、数学、生物 / 化学和教育学的教学造成了不利影响。多数院校通过聘任兼职教师应对合格教师不足的问题。教师在其他院校兼职虽然能够增加个人收入，但可能会使他们无法全身心投入教学工作，难以更新知识储备，长此以往势必影响教学质量。

教师数量少而学生数量多导致利比里亚各院校学生与教师比都偏高。例如，2012 年，利比里亚大学的学生与教师比为 33∶1，非洲卫理公会圣公会大学为 30.1∶1，大巴萨社区学院为 21∶1，卡廷顿大学为 17∶1，最低的联合卫理公会大学为 12.3∶1。[2]

入学新生基础知识薄弱和学习能力欠缺成为影响高等院校教育质量的

---

[1] 资料来源于世界银行。

[2] 资料来源于世界银行官网。

另一个重要因素。随着高等院校与招生人数的增长，毕业生的学习成绩和实际能力相应降低。调查数据显示，大量进入高等院校学习的学生的成绩很不理想，多数通过西非考试协会举办的高中毕业与大学入学资格考试的考生的成绩刚刚及格。因为学习能力较差，大量学生进入大学后难以理解高等教育阶段的教学内容，高等院校必须花很多精力设法补救，为这些新生提供补习课程。其中，威廉·杜伯曼大学被迫对补习后改进仍然不大的学生增加一年的学院预备课程。2015年，近三分之一的利比里亚大学本科在校生（超过1万名）因未能获得平均2.0的学分绩点而被列为试读生。[1]许多院校的毕业生所掌握的专业知识和技能很难适应工作岗位需要，导致不少雇主对高等院校毕业生的质量表示怀疑，不愿雇用这些毕业生。

（四）专业设置与国家发展方向和市场需求错配

高等院校专业和课程设置与国家发展方向和劳动力市场需求存在错配。多数高等院校缺少对国家经济的跟踪研究，未能与利比里亚工商会、小企业家协会等相关机构建立征求意见建议的机制。自然资源开发是利比里亚最为重要的经济部门，内战后该部门因外来投资增加而迅速恢复发展，虽然投资者很容易雇到普通劳动力，但却难以在利比里亚找到掌握矿山勘探和开采知识和技能的专业人才。

虽然高等院校的招生数量有较大增长，但多数学生更愿读商业和行政管理专业，导致利比里亚大学超过一半的学生在工商和公共管理学院就读，而对减贫战略非常重要的两个专业——师范和农林学生的数量却持续下降。据统计，2012年利比里亚大学57%的毕业生所学专业与商业有关，其中会计专业占20%，但矿产、林业和渔业等行业却难以找到合适的技术人

---

[1] Ministry of Education of Liberia and World Bank. Liberia education sector analysis[M]. Monrovia: Ministry of Education of Liberia, 2016: 163.

才；因中学教师，特别是科学和数学教师不足，政府不得不请求尼日利亚等邻国派遣教师来支援利比里亚。

（五）发展资金短缺，行政管理能力需要加强

尽管利比里亚政府一直试图通过发展高等教育提高国家经济发展水平，先后出台了一些促进高等教育发展的政策，但因财政困难，政府不仅难以投入足够资金发展教育，而且存在拨款不透明和缺少绩效激励机制等弊端。

利比里亚高等教育的资金主要有 5 种来源，分别为政府补贴、政府奖学金、学费、房地产和捐款。2015—2016 财年，财政部向高等院校的转移支付为 3 000 万美元，其中利比里亚大学是获得政府财政补贴的大户，共获得 1 500 万美元的政府拨款。[1]

政府补贴的额度一般基于之前补贴的数量和每个院校游说的能力。利比里亚的财政预算需经国会批准，国会议员的鼎力支持对相关院校获得补贴具有重要作用，这也是多数院校聘请国会议员担任董事会成员的重要原因。尽管每个高等院校都能得到一定的政府补贴，但因财政困难，政府拨款的到位率往往难以保障。2013—2014 财年，因政府应对埃博拉疫情的开支增加，对高等院校的补贴仅到位 75%。

2011 年，政府补贴、奖学金和学费约占公立院校收入的 95%，其中政府拨款为主要来源。例如，威廉·杜伯曼大学的政府拨款约占其资金来源的 91%。私立院校更依赖于捐款，据统计捐款约占私立院校收入的 65%，政府补贴只占其收入的 7%，而学生缴纳的费用占其收入的 26%。宗教院校收入的主要来源是学费和房地产，其中学费占 52%，房地产占 29%，政府补贴和奖学金占 13%。[2]

---

[1] 资料来源于利比里亚教育部官网。

[2] 资料来源于世界银行官网。

房地产收入和捐款等因受经济形势影响波动较大，加之民众贫困率较高，各高等院校试图提高学费的动议都会受到学生强烈抵制，因而，所有高等院校均面临缺乏发展资金的问题。经常性开支约占高等院校总开支的72%，其中三分之二用于支付教职员工薪酬。具体来看，公立高等院校的薪酬开支占比为 66%，宗教院校占比 63%，私立院校占比 58%。资本开支占高等院校总开支的 28%，其中 88% 用于建筑维修和购买仪器与资料。[1] 整体上看，许多私立和宗教院校为节省开支而聘用兼职教师，很少有资金改善教学设施、提高教师工资和支持教师的科学研究工作。

利比里亚目前负责监管高等教育机构的部门主要是教育部和国家高等教育委员会，但教育部的主要精力放在幼儿园和中小学教育方面。授权建立国家高等教育委员会的法律于 20 世纪 80 年代末通过，当时利比里亚仅有少数几所高等院校，也未将职业教育纳入委员会的管理体系。教育部和国家高等教育委员会不仅缺乏统筹协调和监管高等院校的行政管理机制和执行能力，在向高等院校拨款方面也仅有建议权，而实权掌握在财政部和议会手中。教育部虽然也可直接向高等院校发放部分补贴，但数额十分有限。例如，2015—2016 财年通过教育部向高等院校发放的补贴仅有 15 万美元。[2]

二、应对策略

（一）争取国际援助与投资，建立国家级高等教育集团

为帮助解决高等教育院校基础设施薄弱和资金不足的难题，促进符合国家需要的高质量高等教育院校和重点学科发展，利比里亚政府努力争取

---

[1] 资料来源于世界银行官网。

[2] 资料来源于利比里亚教育部官网。

国际机构和双边援助国对高等教育的援助，通过与私营企业和海外高校建立战略伙伴关系等方式鼓励私人企业和国际或地区知名高等院校在利比里亚建立分校，以扩大招生规模和提高教育质量，促进高等教育的长期发展。

同时，利比里亚政府借鉴国际高等院校发展经验，鼓励高等院校探索创收的新渠道。主要措施是创立综合性高等教育院校集团，重点是国家优先发展领域所需要的学科，如农业、基础设施、卫生、教育、渔业、林业等。利用高等院校创新能力建立的附属企业，既能为国家创造财富，又能解决院校基础设施薄弱的难题。

（二）增建社区学院，减免和降低学费

为满足越来越多的青年希望接受高等教育的要求，解决地区不平等问题，利比里亚政府计划在所有尚无高等院校的州新建一所社区学院，并在条件成熟时将社区学院升格为大学。

此外，为缓解贫困家庭学生接受高等教育的困难，维阿总统于2018年上任不久即宣布免除公立高等院校学生学费，并拟通过增加私立和宗教高等教育院校补贴的方式，推动私立和宗教高等院校减少或不提高学费；改革留学和国内奖学金制度，通过增加对低收入家庭学生的资助提高贫困学生的入学率；继续推动高等院校按一定比例招收女生就读的政策以提高女性入学率，鼓励和培训更多合格的女性到高等院校担任教职员工。

（三）努力改善教育质量

为了改善教育质量，利比里亚政府将建立专业的高等院校认证中心，

改进认证制度，将国家高等教育委员会对院校的监管扩大到对教育质量和教学项目方面；选择与国家发展战略和经济发展优先项目一致的专业启动课程认证试点，在获得经验的基础上向全国高等院校及其他学科和专业推广。

同时，政府也会加强对高等院校的学科、专业、课程和研究能力与学生入学标准的研究，评估它们的质量及其与社会需求的相关度，在摸清有关情况的基础上及时推出改进措施。支持高等院校通过与国际高等院校建立合作伙伴关系以增进学术、教师和学生交流，在改进利比里亚的高等院校和学科、专业及课程认证制度方面借鉴国际先进经验。

（四）增强学科、专业和课程与市场需求的相关性

利比里亚政府将加强对主要雇主和非正规行业劳动力市场的调查研究，摸清高等院校的学科、专业和课程设置及教学与国家重点发展领域和市场需要之间的不匹配情况；召开劳动力市场特别工作组会议，根据会议的调查和评审结果增减相关学科、专业或课程，特别是增加短周期的非学位项目，以尽快满足劳动力市场需要，努力使社区大学提供的学科和专业课程内容更加符合当地对中等专业劳动力的需求。与此同时，政府也鼓励高等院校与雇主建立长期行业伙伴关系和实习机制，及时了解各行业和工商企业对劳动力需求的发展变化，根据市场需求培养人才。

（五）提高拨款效率和公平性，完善高等教育监管机制

利比里亚政府将调整高等教育补贴政策，以提高政府对高等院校资助的公平性，在财政允许的范围内增加对高等院校的拨款，减少未规定用途的转移支付资金，以期将有限的资金用于国家发展所需要的优先人才培养

学科和专业，逐步将对高等院校的拨款改为绩效型补贴。在充分征求主要利益攸关方意见和建议的基础上，修订 1989 年通过的关于建立国家高等教育委员会的法案，赋予委员会或新设立的高等教育管理机构更多监管和规范高等院校的权力与责任，使其更好地推动建立当代高等教育发展标准，确保高等院校教学质量及所设学科、专业和课程符合经济社会发展需要，所授学位、文凭和结业证书具有良好声誉和价值。

有议员提议，将国家高等教育委员会升格为高等教育与技术教育部，以整合由教育部、国务部、农业部、青年和体育部、交通部等部委分管的高等教育和职业教育；将高等院校与职业教育学院、农村教师师范学院、海洋学院、林业学院等所有高等院校交由该部管辖，以使其拥有统筹协调全国高等教育资源和监管的能力，推动高等教育更好地服务于国家发展，并让现有的教育部集中精力负责监管从幼儿园到高中阶段的教育。

总体上讲，利比里亚的高等教育在逐步复兴，取得了一定的进展。值得注意的是，经历了长期政治动乱和内战的利比里亚政府认识到，利比里亚目前以盎格鲁–欧洲为中心的高等教育主要教授的是西方的历史与文化，缺少与本国相关的历史和文化，在一定程度上阻碍了本国学生对非洲文化和法律等的正确认识，导致学生对本国身份认同的弱化，进而对国家的团结和统一构成潜在威胁。虽然学习其他国家的历史和文化非常重要，但不应将其优先于学习利比里亚和非洲自身丰富的历史文化遗产和非洲社会统一与变革的历史文化。

基于以上认识，维阿政府在其提出的《繁荣与发展亲贫议程》中强调，高等教育机构需大胆尝试和设计既符合本国历史文化，又适应现代化技能需求的、更具非洲地区视角的学科和专业课程，以适应激烈的竞争环境，促进非洲文化复苏，满足全球知识经济时代到来的需求。可以说，这一认识在深受美国影响的利比里亚实属难能可贵，要实现这些目标的难度无疑也十分巨大。

第七章 职业教育

利比里亚根据国际惯例通常将职业教育称为"技术和职业教育与培训",有时又简称为"技术和职业教育"或"职业教育"。本章根据国内习惯用法,除专有名词和特定用法外,一般称为职业教育。

第一节 职业教育的发展和现状

一、发展沿革

职业教育在培养多样化人才、传承技术技能、促进就业创业、推动经济社会发展和改善民生等方面发挥着重要作用。由于机械设备、科学仪器、培训场地和生产资料等的维护、更新和消耗费用等不断上升,职业教育通常比常规的学校教育更加昂贵,对经济发展水平不高和财政入不敷出的利比里亚政府来说,要使职业教育项目持续发挥作用势必会遇到更多挑战。

尽管面临不少困难,但如果不向大量的失学青年提供职业教育和技能培训,帮助他们获得就业机会以养家糊口,并参与国家的经济恢复和发展,其潜在社会和经济成本将远远超过对职业教育的投入。因而，利比里亚也是非洲大陆专门设立职业教育学院最早的国家之一，早在 1929 年就建立了职业教育学院——布克·华盛顿学院。

杜伯曼总统执政时期制定的《1946—1950 年五年发展计划》和跨国公司对橡胶园等领域熟练劳动力的需求，都曾推动利比里亚职业教育快速发展。20 世纪 60 年代，利比里亚政府就开始计划建立一所大学水平的职业教育机构，并于 70 年代在马里兰州建立了威廉·杜伯曼技术学院。[1] 不幸的是，在 80 年代末以后的 20 多年里，利比里亚的职业教育体系遭到政局动荡与内战的严重破坏。

2003 年内战结束后，利比里亚政府先后出台了一系列促进职业教育恢复和发展的政策。《2009 年就业政策》敦促重塑职业教育，为年轻一代提供必要的教育、知识和技能，以满足劳动力市场的要求。《2011 年国家工业政策》指出，利比里亚的多数劳动力缺乏技术，而技术的不断发展必然要求对劳动力进行持续培训。2012 年 3 月出台的《利比里亚 2030 年愿景》和《利比里亚通向 2030 年崛起转型议程》呼吁振兴职业教育，培养熟练工人，推动工业化发展和经济增长。《2012—2017 年国家青年政策》将职业教育和培训列为八个关键优先主题和战略措施之一。《2015 年经济稳定与复苏计划》强调，需通过对职业教育的投资确保年轻人拥有满足国家劳动力市场需求的技能。

为推动 2030 年愿景和转型议程目标的落实，瑟利夫总统领导的政府于 2014 年成立了一个跨部门的技术和职业教育与培训特别工作组。工作组于 2015 年制定了《2015—2020 年国家技术和职业教育与培训政策》，这是利比里亚历史上第一个关于职业教育的指导性政策。[2] 该政策的主要目标如下：让接受基础教育的学生接触一系列实际生产和技术活动，激发他们

---

[1] 资料来源于威廉·杜伯曼大学官网。

[2] 资料来源于联合国教科文组织官网。

对技术和职业教育学科的兴趣，从而使他们能够选择接受技术、职业或普通教育的机会；让完成基础教育的学生掌握一定的技术和职业技能，以使他们能够进入收入不错的行业就业；使学生具备一定的创业知识和技能；推动女性接受职业教育和就业；着眼于知识经济时代需要终身学习的大趋势，为愿意在工作生涯中继续接受职业教育的学员提供持续接受高质量实用技术教育的机会，确保职业教育系统能够满足国家经济和私营行业发展需要。[1]

二、发展现状

（一）职业教育范畴

利比里亚对职业教育的范畴定义比较宽泛。《2015—2020 年国家技术和职业教育与培训政策》将职业教育定义为涵盖正规职业教育、非正规职业教育、在职培训以及通过学徒等方式接受的教育。创办职业教育院校和实施职业培训的主体既有政府部门，也有私人投资者、宗教机构和非政府组织。职业教育和培训的内容呈现多样性特色，涉及获取实践知识、就业技能，学习相关科学与技术，以及帮助学员终身学习等。

政府将职业教育大致划分为正规职业教育、非正规职业教育和非正式职业教育。正规职业教育指的是基于课堂教学的学院或学校所设立的具有明确学习目标和接受标准化课程教育的学科、专业或技能教育与培训；通过培训的学员既可获得相关资格证书或文凭，选择进入更高层级的院校深造，也可直接进入劳动力市场寻找工作；申请进入此类职业教育院校学习

---

[1] 资料来源于联合国教科文组织官网。

的学生需至少拥有初中毕业及以上文凭。非正规的职业教育是指未经国家认证的学校系统的技能培训，如实习、非政府组织的短期技能培训和企业的在职培训等；参加此类职业教育学习的学生多为未完成初中阶段教育的学生。非正式职业教育指的是在职或通过非正式经济部门的传统学徒方式获得技能；参加非正式职业教育学习的学生多为仅有小学教育水平或从未上过学的青少年和成年人。后两种培训多数在非正式的环境中进行，学员可能无法获得资格证书，但可以进入非正规劳动力市场寻找工作和参与其他非正规或非正式行业的创收活动。

（二）职业教育机构

由于利比里亚对职业教育的范畴定义比较宽泛，职业教育服务机构和管理部门也比较多元，主要有教育部，青年和体育部，农业部，商业和工业部，性别发展、儿童和社会福利部，交通部等。其中教育部与青年和体育部是政府部门中主要的职业教育服务与管理机构，分别开办和管理不同层次的职业教育院校、培训中心和培训项目等。农业部等部委创办和管理各自相关领域的职业教育院校和培训机构。私营教育投资者、宗教机构、非政府组织和慈善机构等会根据各自重点关注行业开办各种内容和形式的职业培训。

由教育部管理的半自治的社区学院提供与高等教育相连接的职业教育，学生既可选择学习职业技术，也可选择学习授予学位的专业学科。一些私立理工学院则提供包括电子工程、土木工程和建筑技术学士学位的专业培训。除专门的职业教育院校外，利比里亚的一些综合性大学也开办有职业教育学院或专业，如利比里亚大学的大卫·斯特拉茨–辛杰技术和职业学院，卡廷顿大学的职业学习学院等。

青年和体育部的职业培训中心针对未上高中或从高中辍学的学生开办

培训班。为完成初中一年级教育的学生提供缝纫、烹饪和美容等手工艺类的基础培训，为从高中辍学的学生提供中级培训。中级培训项目一般为期18个月，其中包括6个月的实习。据统计，实际上80%的中级培训参与者是高中毕业未能进入高等院校的学生。该部的培训项目还包括"青年在职培训"，目标是让弱势青年通过充当社区一些工艺师的学徒掌握一门技艺；"青年农业培训"目标是帮助青年掌握农作物种植、畜牧或渔业养殖等技能。[1]

进入正规的职业教育学院要求学生至少拥有初中毕业证书，但许多青少年学历不达标，因此只能参加在职技能培训，这是最常见的非正式职业教育培训方式。这种形式的职业教育主要集中在木工、焊接、建筑、汽车机械、裁缝、美容、酒店和餐饮等手工和服务行业。这类培训通常比正式的职业教育时间更长。一些私立职业教育机构针对城市贫困人口、辍学较早的学生和缺少生活技能的女性提供不同类别的基本技能培训。此类培训课程时间一般较短，主要培训希望进入商业和服务行业工作的学员。

截至2015年，利比里亚在教育部、青年和体育部注册的职业教育院校和机构共有148家，较2012年的132家增加16家。但教育管理信息系统2015—2016年的信息统计发现，真正处于活跃招生状态的院校和机构仅有65家，承办主体中63%为私立，20%为公立，11%为宗教机构，6%为社区。[2]

（三）职业教育规模

因许多职业教育机构不归教育部管辖，所以教育部下辖的教育管理信息系统对职业教育数据的统计不够全面。现有数据显示，正规职业教育院

---

[1] 资料来源于利比里亚青年和体育部官网。
[2] 资料来源于世界银行官网。

校的招生人数从 2006 年的 18 032 人下降为 2012 年的 16 884 人和 2015 年 11 871 人（见表 7.1）。世界银行在引用上述数据时表示，这些数字存在偏差的可能性较大，只能作为参考。

表 7.1 2015—2016 学年利比里亚正规职业教育院校招生情况 [1]

院校类型	总人数	男生及占比		女生及占比	
公立	4 478	2 922	65.25%	1 556	34.75%
私立	4 366	1 877	42.99%	2 489	57.01%
宗教	2 156	987	45.78%	1 169	54.22%
社区	871	538	61.77%	333	38.23%
合计	1ˊ 871	6 324	53.27%	5 547	46.73%

其中，公立和社区职业教育院校的男生多于女生，而私立和宗教院校的女生却多于男生。产生这种现象的主要原因可能是以上院校的专业设置不同，而公立的正规职业院校更偏重于传统的适合男性的专业。女性作为学徒和接受在职培训的占比低于男性，这也与这两类职业培训的行业多为木工、汽车维修、建筑和工程等有关。[2]

职业教育院校招生最多的专业是计算机，占入学人数的近 30%；其次是农业，占 8%。正规职业教育院校提供的课程集中在传统的职业领域，如木工、砖石建筑、管道、烹饪、裁缝、肥皂制作和秘书等。不少职业教育专业的性别界线非常明显，学习电力、汽车机械、建筑和木工的 80% 以上是男生，学习糕点、家庭艺术和裁缝的主要是女生（见表 7.2）。

---

[1] Ministry of Education of Liberia and World Bank. Liberia education sector analysis[M]. Monrovia: Ministry of Education of Liberia, 2016: 151.

[2] 资料来源于世界银行官网。

表 7.2 2015—2016 学年利比里亚职业教育院校各专业学生情况 [1]

专业	总人数	男生及占比		女生及占比	
计算机	3 464	1 782	51%	1 682	49%
农业	954	633	66%	321	34%
家庭艺术	730	83	11%	647	89%
汽车机械	680	564	83%	116	17%
会计	591	317	54%	274	46%
电力	577	510	88%	67	12%
管道工程	575	404	70%	171	30%
商业教育	571	240	42%	331	58%
建筑	528	422	80%	106	20%
裁缝	502	108	22%	394	78%
电子设备 信息通信	425	366	86%	59	14%
糕点制作	276	31	11%	245	89%
建筑制图	217	178	82%	39	18%
木工	142	113	80%	29	20%
肥皂制作	139	41	29%	98	71%
酒店服务	73	22	30%	51	70%
金属加工	65	48	74%	17	26%
室内装饰	57	12	21%	45	79%
编织	145	23	16%	122	84%
皮革	225	92	41%	133	59%

---

[1] Ministry of Education of Liberia and World Bank. Liberia education sector analysis[M]. Monrovia: Ministry of Education of Liberia, 2016: 152.

专业	总人数	男生及占比		女生及占比	
其他	935	335	36%	600	64%
合计	11 871	6 324	53%	5 547	47%

（四）职业教育师资与教育质量

关于利比里亚职业教育院校教师队伍的信息非常有限。据 2015 年的教育管理信息系统估计，全国共有 507 名活跃在职业教育领域的教师。其中 80% 的教师是男性，78.3% 的教师集中在蒙特塞拉多、马及比和宁巴 3 个州；教师的平均年龄为 45.8 岁，这与其他教育阶段的教师平均年龄大体一致。[1] 然而，由于私人职业教育院校数量众多，难以统计，因此这一数字很可能低估了职业教育院校教师的数量。截至 2016 年，利比里亚尚无专门培养职业教育教师的院校或培训中心，也没有认证职业教育教师资格的机构和标准，因而职业教育的质量存在较大问题。

第二节 职业教育的挑战和对策

利比里亚一直在努力为年轻而脆弱的劳动力提供就业机会。2008 年人口普查数据显示，15—34 岁的年轻人占利比里亚人口的三分之一，他们中的大多数人缺少正式工作。世界银行 2016 的《青年技能发展报告》显示，利比里亚 15—24 岁的青少年中的绝大多数依赖非正规部门就业，如没有固定收入的家庭农业、小型家庭作坊或自营企业等，仅有 6.2% 的人受雇于可

---

[1] 资料来源于利比里亚教育部官网。

按月领取薪酬的正式行业。[1] 因而，利比里亚职业教育面临着非常繁重的帮助失业青少年和成年人就业或自我创业的艰巨任务。

一、面临的挑战

（一）基础设施薄弱

多数利比里亚的职业教育学院和机构存在资金不足、基础设施薄弱、教学设施和设备匮乏、教学课程内容过时和缺少必要的教学资料与实验材料等情况。公立职业教育机构严重依赖政府资金，其他职业教育机构的资金主要来自学费、外部捐赠和出售所生产的产品。2012—2015 年，教育部平均将其 5% 左右的预算分配给其主管的职业教育院校；青年和体育部及其他部委也将自己的一部分预算支付给各自主管的职业教育机构。利比里亚政府向其选定的职业教育机构提供一些补贴，但因缺乏可靠、可预测和持续的公共经费支持，补贴方式未能发挥激励职业教育机构提高教学质量和效率的作用。职业教育与常规学校教育相比单位成本极高，每个学员的单位成本每年约 1 100 美元，是小学生的 15 倍以上。[2] 中央集权的管理体制使公立职业教育院校几乎没有自主权，不仅人手不足，管理能力较差，而且缺少创收和通过与当地私营部门建立长期伙伴关系筹集所需资金的机制、动力和能力。

世界银行驻利比里亚代表处的实地考察表明，缺乏设备或对设备管理、维修与使用不当，现代科技实验设施和仪器短缺或过时，培训所需材料和工具不足等都对职业教育的培训质量带来负面影响。许多职业教育院校缺

---

[1] 资料来源于世界银行官网。

[2] 资料来源于世界银行官网。

乏现代化的培训设备和足够的设施，难以帮助学员学习和掌握所需专业知识与技能。大多数职业教育院校缺乏电力和供水等基础设施，严重影响了学员的学习和实际操作训练。2012—2013 学年"青年、就业和技术项目"的一项评估显示，47.5% 的职业教育院校受访学员说他们缺少手工和电动工具，25% 的受访者表示等轮到他们使用一些工具时，这些工具的状况已经很差，另有 23% 的受访者表示实习车间和设备不足。[1]

（二）接受职业教育的机会不均衡

从地区分布上看，绝大多数职业教育机构位于蒙特塞拉多（占 43%）、宁巴（占 23%）和马及比（占 12%）三个州的城市和人口密集地区。因此，84.34% 的职业教育机构学生来源于上述三个州，这也充分说明职业教育机构在布局上的不平衡限制了大量无法移居城市的农村青少年和成人接受职业教育的机会。[2]

学生申请正规职业教育院校时通常要支付 50—100 美元的入学费用，对许多贫困家庭的青少年来说这是一笔难以承受的开支。此外，参加职业教育培训的学员还要自付大部分学费。2016 年的世界银行报告指出，许多参加职业教育培训的利比里亚青年都是高中毕业生，甚至是大学生。

（三）职业教育内容与劳动力市场需求错配

职业教育院校所教授和培训的技能，与劳动力市场需要的技能和创业者所需要的技能存在严重错配。多数职业教育院校未与相关主要企业建立经常性的信息沟通和协作伙伴关系，未能及时跟踪研究国内劳动力市场对人力资

---

[1] 资料来源于世界银行官网。
[2] 资料来源于世界银行官网。

源需求的变化，培训项目也因此往往无法满足劳动力市场的多样化需求，导致学员所学技能没有用武之处。即使职业教育院校的培训方向正确，但很多课程过于理论化，与生产部门的要求严重脱节，导致学生的实际操作能力不强，对进入劳动力市场的准备不足。

对职业教育院校学生的调查发现，68% 的学员表示他们接受的培训与需求不符，只有 19% 的学员表示他们从事的工作与曾接受过的培训密切相关；81% 的学员未能充分就业或未找到工作。在这 81% 的学员中，53% 的人表示是由于他们所接受的培训不足，28% 的人表示他们的职业教育证书不被认可，17% 的人表示他们所接受的培训专业缺乏需求。[1]

（四）监测和管理存在问题

利比里亚目前尚无标准化的职业教育专业和课程评估系统，也没有针对职业教育院校和机构的资格认证体系和统一的国家标准课程与教科书，因此无法对相关院校和机构及其设置的专业或培训项目进行资格认证和质量监测，导致学校、专业和课程质量良莠不齐。例如，不同职业教育院校设立的相似专业和培训项目所制定的课程内容与时长有很大区别，专业和培训水平无法明确界定，仅凭职业教育机构授予的结业证书难以真正确认证书持有者的技能水平。[2]

利比里亚的职业教育与管理机构存在供给侧而非需求侧驱动的碎片化问题和群龙治水乱象。由多个政府部门管理的职业教育体系没有适当的法律框架支持，不利于统筹协调和切实负起责任。教育部、青年和体育部、卫生部、农业部等都以各自的方式管理职业教育，这种政出多头的情况使政府主管部门难以对正规、非正规和非正式职业教育进行全面系统的调查

---

[1] 资料来源于世界银行官网。
[2] 资料来源于利比里亚教育部官网。

研究，无法收集到准确信息，也就难以制定切实可行的发展规划与政策。此外，各部门对职业教育在改善民生、支持创业和满足非正规经济部门人力资源需求方面的作用也十分有限。

（五）教师数量不足

利比里亚的职业教育院校教学和培训人员不足，素质不高，培训方法过时，尤其是缺乏高素质的受过专门培训的职业教育教师。欧盟驻利比里亚使馆 2016 年对利比里亚职业教育的研究评估指出，利比里亚职业教育主要存在如下问题：教师和培训师的年龄偏大，教学和实验技能欠缺；缺少培训和招聘计划来取代老化的职业教育教师；许多在职的职业教育教师无法获得专业发展，难以接触现当代先进技术和职业教育与培训技能；职业教育教师的薪酬不高，难以招聘和挽留高素质的教师。为满足对教师的需求，一些学校不得不使用志愿者或承包商来解决师资短缺问题。[1]

二、应对策略

在社会动荡时期成长起来的年轻一代，虽然已进入组建家庭的人生阶段，但由于缺乏教育和技能而无法就业。年轻人大量失业很可能成为社会不安定因素，给本来已经很脆弱的社会带来更多动荡风险。因而，对利比里亚来说，职业教育具有提高青年的就业和收入能力、增强劳动竞争力和促进经济社会发展和稳定的重要作用。

利比里亚政府在其制定的可持续发展战略目标中提出，到 2030 年时确

---

[1] 资料来源于欧盟驻利比里亚官网。

保所有公民都能获得包括大学在内的高质量教育，大幅增加具有就业能力、从事体面工作、自主创业技术和能力的青年和成年人数量。为实现 2030 年愿景与发展目标，瑟利夫与继任的维阿政府均针对职业教育存在的问题制定了新的发展规划和对策。维阿政府在《繁荣与发展亲贫议程》中强调，相关部委将通过职业教育和替代教育等项目为所有人提供终身学习机会，并于 2021 年制定了《2022—2027 年技术和职业教育与培训政策》，提出了改善职业教育的新措施。[1]

（一）增加对职业教育的投入

根据 2011 年教育改革法的规定，为每个州至少建立一所多功能的职业教育学校，以向更多缺少职业技能的青年提供培训，缓解职业教育院校布局不平衡的问题，为偏远地区的青年提供接受职业教育的机会。随着新冠肺炎疫情的逐步缓解，利比里亚政府拟继续对 11 个职业教育与培训学校进行改造，为 7 所包含职业教育的高中和 4 所专门从事职业技能培训的学校购买必要设备。

鉴于政府财政资源有限，能够投入职业教育院校基础设施建设的资金匮乏，利比里亚政府努力争取国际机构和双边援助国的援助。2018 年，青年和体育部联合教育部与欧盟政府、瑞典政府以及联合国工业发展组织签署协议，获得 2 000 万欧元的职业教育发展援助，由联合国工业发展组织从 2018 年 9 月 1 日至 2024 年 8 月 31 日对蒙罗维亚职业教育培训中心等机构进行援助，以改善基础设施、提高教育质量和招收更多学员。该协议承诺提供现代化电气、汽车、木工、砖石、计算机技术、纺织制造设备，建设一个现代化的国家职业教育专业培训、研究和创新中心，以开展对全国职业

---

[1] 资料来源于利比里亚总统府官网。

教育教师的培训。[1]

（二）改善职业教育质量

联合国工业发展组织等机构在对利比里亚职业教育现状分析研究的基础上，向利比里亚政府提出了开展职业教育教师培训工作的建议，并愿提供相关援助。因而，利比里亚政府制定了通过内外两种方式开展对职业教育教师培训的方案。

一是在现有的教师培训机构开设职业教育教师资格证书培训课程，招收不同专业的教师；研究借鉴西共体国家的职业教育教师培训模式，重点培训职业教育的教学方法和加强实习管理；将职业教育教师培训纳入"教师教育和管理计划"，以确保其质量和持续性。选择农业和其他对职业教育需求较高的行业进行试点，开发利比里亚国家农业职业教育教师1级和2级资格证书课程。通过评审现有的农业职业教育课程和学习借鉴西共体与国际先进农业职业教育课程标准，成立专家组，研究设计以培养技能为基础的农业职业教育教师1级和2级资格证书课程框架，并设立申请学习农业职业教育教师国家资格证书的入学标准；审查现有资格和标准，将农业职业教育教师国家资格证书模式推广到其他对职业教育有较高需求的行业。

二是将布克·华盛顿学院升级为职业教育学院，并将其建成职业教育教师培训中心。在修复该学院过程中，派遣公立职业教育院校的教师到国外受训，回国后派往现有的11所培训机构和布克·华盛顿学院任教。2022年1月，首批由青年和体育部与教育部挑选并签订学成回国服务协议的30名职业教育教师，在联合国工业发展组织的安排下正式开启赴南非和赞比亚接受空调、冰箱、通用机械等专业培训的行程。[2]

---

[1] 资料来源于欧盟官网。

[2] 资料来源于欧盟官网。

（三）完善职业教育信息库

为了更好地掌握全国各级职业教育的状况，政府将完善职业教育信息基础，改进需求侧信息库。计划每年整理和审查各部委、发展伙伴和非政府组织现有的劳动力市场需求研究报告；根据报告确定劳动力市场监测方法和获得信息方面存在的差距，将其作为制定劳动力市场信息系统的基础。同时通过学习借鉴其他国家职业教育管理信息系统统计表，改革教育部的教育管理信息系统对职业教育的统计，对州教育办公室官员进行职业教育统计方面的专业培训，以提高统计的准确性；改进针对职业教育学校的人口普查问卷，将地点、课程、毕业人数和就业情况等信息列入问卷；设法将更多的职业教育院校和机构的信息纳入数据收集系统。

（四）整合职业教育服务与管理机构

为解决职业教育服务与管理效率低下、多头管理等问题，职业教育主管部门和利益攸关方主要提出了以下几种改革方案：在政府间技术和职业教育与培训特别任务工作组下设立全国技术委员会作为其秘书处，负责统筹协调全国的职业教育工作；制定关于职业教育的专门法律，仿照1989年通过的国家高等教育委员会法案，建立半自治的国家技术和职业教育与培训委员会，统筹协调职业教育工作；通过修订和制定新法案，在政府系统中设立高等与技术教育部，以整合由教育部、农业部、青年和体育部、交通部等部委分管的高等教育和职业教育，将高等院校与职业教育学院、农村教师师范学院、海洋学院、林业学院等所有高等院校交由该部管辖，而让教育部集中精力管理好高中及以下阶段的教育。

根据上述建议，2022年1月14日，维阿总统正式启动"利比里亚非正式部门就业经济活动恢复项目"。世界银行、法国发展署资助了该项目，项

目资金为 1 000 万美元。项目由利比里亚青年和体育部与社区赋权机构具体
实施，目标是帮助非正式行业的弱势工人。2022 年 3 月 31 日，开启"青年
进步项目"，该项目资金 2 200 美元，旨在帮助 2.1 万青年减少贫困并改变他
们的生活。[1]

---

[1] 资料来源于美国国际开发署官网。

第八章 成人教育

第一节 成人教育的发展现状

一、发展概况

因自然环境、历史文化、经济发展水平和政治等因素影响，利比里亚的成人文盲率一直较高，政府开展成人教育的历史也相对较早。为应对经济快速发展对拥有一定基础知识和技能的劳动力的需求与推进民族和解，1950 年，政府以总统公告的方式宣布将致力于成人教育和扫除文盲工作，提出了"一人教一人"的口号，目标是帮助成年文盲掌握日常生活中所需要的初步读写和计算知识，为学习职业技能奠定基础。[1]

此后，利比里亚政府采取了一系列成人扫盲活动，并与国际组织和双边援助国启动了一些成人教育项目。例如，联合国教科文组织于 1953—1957 年在克莱和克诺尼亚建立了基础教育中心，于 1970 年在耶凯帕为矿工组织了功能扫盲项目，于 1974—1976 年与工业发展组织开展了社区学校项目。美国国际开发署在佐尔佐尔和邦加资助了农村地区发展中心。1988 年，

---

[1] 资料来源于利比里亚教育部官网。

政府推出加速学习计划，拟为因各种原因失学或辍学的成年人尽快提供基础教育。1999 年，政府制定了"大众扫盲计划"，提出了将全国的文盲率减少至低于全国人口 35% 的目标。但这两个计划均因政局动荡和内战未能真正贯彻落实。[1]

2003 年内战结束后，利比里亚过渡政府在国际机构和双边援助国的帮助下，恢复推行加速学习计划，主要目标是使大量因内战失学的 10—18 岁儿童和青少年完成小学教育。在具体实施过程中，一些 18 岁以上的成年人也参加了学习课程。瑟利夫政府继续推进此项学习计划；在 2011 年教育改革法中宣布要保护所有利比里亚人获得优质教育机会的权利，降低国家的文盲率。但在实施过程中，因政府能够投入教育的资金十分有限，利比里亚政府并未将成人教育作为优先事项，教育管理信息系统在很长时间里未把成人教育数据纳入学校普查。

2013 年，利比里亚教育部与国际援助伙伴在审核《2010—2020 年教育行业计划》执行情况和存在问题的《教育部门联合审核报告》时，提出了需要建立统一、高效的成人教育规划和评估系统，以期为希望学习的辍学青年和成年人提供教育；提高人们在国家、州和学区三个层次中获得成人教育的机会；根据州和学区对成人教育的联合规划，制定成人教育的目标，提高成人教育的服务质量和辅导员的数量与素质。利比里亚教育部将上述建议纳入了《2014—2017 年教育部行动计划》，并在基础与高中教育司下设立了替代教育处，负责管理加速学习计划、替代基础教育计划和成人教育三个项目，每个项目由一个协调员负责。[2]

---

[1] Ministry of Education of Liberia. The development and state of the art of Adult Learning and Education (ALE) national report of Liberia[M]. Monrovia: Ministry of Education of Liberia, 2008: 2.

[2] 资料来源于利比里亚教育部官网。

二、教育项目

目前，利比里亚成人教育主要针对的是 15 岁以上的青少年和成人，包括扫盲、学徒、在职培训、职业课程和青年培训等。

（一）加速学习计划

加速学习计划强调以学生为中心的学习，并将跟上课程进度的责任从教师转移到学生。兼任该计划教师的小学教师需要接受加速学习教育教学方法的短期培训，并会因此类教学工作获得每月 15 美元的额外津贴。2007年，共有 499 所学校开展加速学习计划项目，2 585 名教师参与加速学习计划的教学工作。在当年所招收的 53 697 名学生中，女生占 46.11%。[1]

据统计，从内战结束至 2010 年，加速学习计划项目总共招收了大约 30 万名失学青少年和成年人参加和完成计划框架下的小学教育。在取得了一定成效的基础上，利比里亚教育部于 2009 年宣布逐步退出加速学习计划，改为通过替代基础教育计划向那些超龄人员，包括青少年和成年人，提供基础教育，国际机构和双边援助国也减少了对加速学习计划项目的资助。因此，加速学习计划的在校学习人数从 2008—2009 学年的 75 820 人下降为 2010—2011 学年的 36 000 人和 2015 年的 2 396 人。据教育管理信息系统统计，2015 年仍在参加加速学习计划的学生中，年龄为 10 岁的占 7%，11—15 岁的占 31%，16—20 岁的占 22%，21—25 岁的占 13%，30—35 岁的占 6%，35 岁以上的占 3%。[2]

---

[1] 资料来源于利比里亚教育部官网。

[2] 资料来源于利比里亚教育部官网。

（二）替代基础教育计划

替代基础教育计划是利比里亚教育部为取代加速学习计划而推出的教育项目，旨在帮助13—35岁及以上的从未上过学或辍学的青少年和成年人完成小学教育，获得功能性的读写和计算能力，为接受中学教育或就业做好准备。为推动和规范替代基础教育计划，教育部于2011年制定了《替代基础教育政策》。

替代基础教育计划课程将相当于小学一至六年级的课程分为三个等级，由接受过培训的公立学校教师在课后或夜校授课。该计划的重要目标人群之一是辍学或未适龄上学的年轻母亲和在矿山或种植园工作的年轻人。在2015年以前的几年里，替代基础教育计划项目每年的入学人数大约为1万人，其中58%是女性。2015年，一级替代基础教育计划项目的在校学生中男生为1 773人，女生为2 900人；二级项目的男生为1 389人，女生为1 861人；三级项目的男生为1 197人，女生为1 239人。其中，10岁的学生占4%，10—15岁的占8%，16—20岁的占16%，21—25岁的占16%，26—30岁的占16%，35岁以上的占10%。[1]

加速学习计划和替代基础教育计划课程都以国家的小学课程为基础，涵盖数学、科学、英语和社会学四个核心课程。学习者需完成定期评估，以确定他们是否符合晋升到下一等级的标准。替代基础教育计划项目除向学员提供基础教育课程外，还向年龄较大需要尽快就业的青年和成年学员提供与工作有关的技术培训，如自给农业、小规模生产和创收活动等。2015年利比里亚加速学习计划和替代基础教育计划入学人数见表8.1。

---

[1] 资料来源于利比里亚教育部官网（这并非一个完整的统计，仅举例说明）。

表 8.1 2015 年利比里亚加速学习计划和替代基础教育计划入学人数情况 [1]

项目名称	男生	女生	合计
加速学习计划	627	763	1 390
替代基础教育计划	2 744	4 266	7 010

（三）其他成人教育项目

　　为帮助因各种原因失学的成年人接受教育，利比里亚教育部在其所选定的一些政府小学和中学开办夜校，为成年人提供小学和中学水平的成人教育课程。大多数参加成人教育项目的学习者是因各种原因辍学的成人。他们在成年后发现完成小学和中学教育的重要性，因此又返回学校学习以充实和提高自己。多数提供成人教育的学校位于城市。教育管理信息系统的教育普查长期未涵盖成人教育，因此教育部对成人教育的具体数据掌握甚少。除教育部所选定的公立学校会开办成人教育项目外，还有一些学校和社区中心也会开办帮助成年人学习基本读写和计算能力的学习班。成人教育教师由公立学校的教师在业余时间兼任，教育部向他们发放一定的津贴以示鼓励和支持。

　　利比里亚的多数职业教育院校和培训中心所开办的职业教育项目既向学员提供实用技术培训，也开办有提供读写和计算能力的基础教育课程。

　　除利比里亚政府做出的努力之外，《2016 年利比里亚扫盲机构表》显示，共有 19 家外国和利比里亚非政府组织在利比里亚从事包括成人教育在内的教育援助活动。这些教育项目有的集中在少数州和社区，有的聚焦于特定的行业，其中规模最大的是"促进青年项目"。[2]

---

[1] 资料来源于利比里亚教育部官网。

[2] 资料来源于利比里亚之友官网。

促进青年项目共获得资金 3 500 万美元，从 2011 年 10 月至 2016 年 10 月在邦、大巴萨、洛法、马及比、蒙特塞拉多和宁巴 6 个州的 264 个培训点实施培训。目标是为 13—35 岁缺少读写和计算能力的失学青年提供高质量的基础教育以及谋生技能培训，并帮助利比里亚教育部和项目所在地社区人员提高管理培训项目的能力。[1]

该项目采取三级课程，向学员提供基础教育、工作技能和创业培训。参加该项目培训的学员通常是从事农业生产或非正式行业的商贩，因此白天时间有限，项目以夜校的形式在公立学校进行，通过发给津贴的方式鼓励公立学校的教师在业余时间承担教学任务。由于参加培训的学员读写能力较差，项目采取交互式音频教学的方式帮助一些学习者获得读写能力。

截至 2016 年，该项目共招收了 62 352 名学生，其中女生为 30 059 人，男生为 32 293 人；向学生和教师分发了 443 704 册中小学课本和其他教学与学习材料；邀请州和学区教育办公室官员与教育部的技术人员一道，对承担任务的学校进行联合访问以加强对学校能力的评估，并将质量评估工具整合进教育部的教育管理信息系统；制作了宣传基础教育重要性的广播剧在项目所在社区的电台播放，并举办了 43 场参与式推介活动；培训了 275 个家长教师协会的成员和 954 名社区成员，让他们鼓励社区成年人积极参加学习；对 1 229 名教师和 600 名校长、学区与州教育办公室工作人员进行了培训；帮助邦、大巴萨和蒙特塞拉多州的学校修复了 111 间教室。[2]

第二节　成人教育的挑战和对策

根据联合国教科文组织 2022 年的统计和估算，利比里亚全国成年人的

---

[1] 资料来源于美国国际开发署官网。

[2] 资料来源于美国国际开发署官网。

平均识字率为 48.3%，其中农村地区为 34%。这意味着利比里亚全国的成人文盲率为 51.7%，农村地区为 66%。[1] 如此高的文盲率既是利比里亚经济社会发展水平落后的结果，同时也是影响利比里亚实现可持续发展和摆脱贫困的巨大障碍。

一、面临的挑战

总体看，利比里亚的成人教育主要面临以下挑战。

首先，教育资源严重短缺。因财政困难，利比里亚政府对成人教育的投入十分有限，教育部仅在部分公立学校开设了成人教育培训班或识字中心。多数成人教育项目由国际机构、双边援助国和国内外的非政府组织资助和实施，不仅覆盖范围局限于少数州、社区或特定的行业，而且存在可持续问题。比如，芬兰难民委员会的成人教育项目局限于 2 个难民营及其周边社区；邦州参议员亨利·亚拉的洛伊托伊基金仅在该州开展小型的成人教育活动等。[2] 因此，利比里亚的成人教育项目呈现严重的分散和碎片化现象，全国各州的成人教育服务范围和水平存在较大差异。

政府几乎没有采取任何措施鼓励私人或大型特许企业提供成人教育服务，很少有私立学校参与开办成人教育、加速教育计划和替代基础教育计划项目。成人教育因补充教学和学习材料不足和分发不到位而受到不利影响。例如，利比里亚教育部共为替代基础教育计划开发了 48 种教材，包括读写、计算、工作准备和生活技能等内容的学生手册和教师教学手册等，但因采购和分发不到位，仅有少数地区的成人教育机构和项目能够得到这些教材。

---

[1] 资料来源于联合国教科文组织官网。

[2] 资料来源于利比里亚之友官网。

其次，教育部门服务和管理成人教育的能力十分有限。教育部直到2014 年才在该部设立负责加速学习计划、替代基础教育计划和成人教育计划处，三个项目各有一名协调人和少量工作人员，每个州仅有一名负责三个项目的督学。上述机构不仅存在人手和能力不足的问题，而且缺少计算机、打印机和其他必要的物资以及统筹协调、管理各州成人教育项目的能力与资源。[1]

再次，成人教育教师数量少，且专业水平不足。成年人不仅因忙于工作和家务而学习时间有限，而且反应和记忆能力也弱于青少年，需要受过专业培训的教师和辅导员持续耐心的教学、辅导、监测与评估。但利比里亚政府机构开办的成人教育学校或中心没有专职教师，都是公立学校的兼职教师，因此多数教师未接受过成人教育专业的培训。虽然一些援助国资助的成人教育项目对所聘任的教师和辅导员进行过一些短期培训，但覆盖面十分有限。利比里亚全国的所有师范学院都没有成人教育专业。成人教育学校和中心的行政管理人员和校长也很少受过管理成人教育机构的专业教育培训。

最后，在农村地区开展成人教育面临挑战。农业是利比里亚的支柱产业，农业产值平均约占国内生产总值的 25%—30%，但农村地区的文盲率却高达 66%。在农村地区开展成人教育不仅有利于促进农村的经济社会和文化教育发展，而且对帮助大量农村人口摆脱贫困具有十分重要的作用，但在最需要成人教育的农村地区开展这项工作却面临极大困难。例如，许多地区没有硬化道路，在长达半年的雨季里道路泥泞不堪，极难通行，严重影响教师与学员的出行；利比里亚 70% 的地区缺少供电系统，用电极不稳定且价格昂贵，导致需要晚上教学和学习的成人教育难以按计划完成其教学和学习任务；农村地区缺少银行服务系统，偷盗和抢劫案件时有发生，成

---

[1] 资料来源于联合国教科文组织官网。

人教育中心的设施和向中心转送现金等面临安全风险。[1]

二、应对策略

利比里亚政府认识到成人教育的重要性，在其制定的发展战略和教育行业计划里均提出要为包括成年人在内的利比里亚人民提供高质量的各阶段教育和终身学习机会。例如，维阿政府在 2018 年发布的《繁荣与发展亲贫议程》中提出，通过职业教育和替代教育为所有人提供终身学习的机会；2020 年发布的《利比里亚落实 2030 年可持续发展议程国别自愿审查报告》重申，政府将致力于通过市场驱动的职业教育，为利比里亚人提供终身学习机会。[2]

为实现上述目标，利比里亚教育部提出了如下改善成人教育的措施。

首先，政府将增强成人教育的计划、预算和管理能力。制定和实施统一的成人教育政策和行动纲领，将成人教育项目扩大到更多公立学校，以为更多失学或从未接受过教育的成年人提供学习机会；通过制定和实施宣传计划，提升公众和教育人员对成人教育重要性的认识。

其次，改善成人教育的人力资源和系统以更好地管理成人教育。建立由青年和体育部、劳工部、司法部和教育部官员组成的高级别部际小组，分析解决跨部门问题；重建成人教育合作伙伴之间的月度协调和网络会议机制，以共享信息，增强协作和计划性；建立成人教育督学季度会议制度，以使成人教育督学分享经验和信息，并将成人教育督学纳入培训计划。

再次，政府将鼓励和支持私立和宗教学校及非政府组织开办成人教育项目，争取国际机构和双边援助国对成人教育的援助和支持，将非政府组

---

[1] 资料来源于伊比斯（IBIS）官网。

[2] 资料来源于利比里亚教育部官网。

织提供的成人教育纳入年度学校人口普查，更有效地促进辍学儿童、青年或成人重返正规教育系统。

最后，政府鼓励和支持师范学院合作，为成人教育教师、辅导员、校长和行政管理人员提供短期在职培训，并在师范学院的 C 级、B 级教师资格证书培训中增加成人教育政策、教学和管理等内容，以培训更多专业成人教育和职业教育教师；分析在师范学院开设 12—18 个月的培养成人教育专业教师、辅导员的可行性；积极争取向成人教育中心和职业教育院校与培训中心的教师提供更好的工资、补贴和住房待遇。[1]

---

[1] 资料来源于利比里亚教育部官网。

第九章 教师教育

　　利比里亚政府将教师视为国家教育发展的关键驱动力之一，认为他们肩负着为学生提供高质量的教育与学习机会以及培养下一代领导者的重要职责。教育法将公立学校的教职员工纳入国家公务员系列，根据教师任职资格和教学经验享受与公务员一样的工资、医疗、休假、免费住房或住房补贴以及退休金等待遇。

第一节 教师队伍现状

一、教师数量

　　内战结束后，为尽快充实因战争而大量流失的教师队伍，利比里亚临时政府的教育部在国际机构等的帮助下，立即恢复对教师的在职培训工作，并着手修复两所农村教师师范学院，开始对教师进行职前和在职培养与培训。2009 年 6 月，因内战中断 20 年的首批小学农村教师经一学年培训后毕业并进入学校教师岗位。到 2010 学年结束时，大约有 2 365 名经过培训的教师加入已有的教师队伍。[1] 为争取在 2011 年重新加入西非考试委员会的区域考试，教育部努力克服困难，设法改善整个学校系统的教学工作，将通过培训增加教师数量和提高教师业务素质与教学水平作为核心内容，教师队伍的数量和质量都有所提高。

2007—2008 学年至 2015 年，教师队伍从 26 359 人增加到 55 243 人，所有教育阶段的教师数量都有较大增长。其中学前教育教师从 11 778 名增加到 14 311 名，小学教师从 22 253 名增加到 30 438 名，初中教师从 8 228 名增加到 12 983 名，高中教师从 3 652 名增加到 6 549 名（见表 9.1）。[2] 因教育部的教育管理信息系统和国家高等教育委员会新建的信息统计尚未完善，利比里亚仍缺少对大学教师的详细统计数据。

因教师不足和收入不高，近 1 万名教师从事兼职工作并在一个以上教育阶段任教，要么同时在小学和幼儿园，要么同时在小学和中学等兼职，这使得部分教师的数量被重复统计。因而，虽然 2015 年的统计数据显示从幼儿园到高中阶段的教师包括职业教育与替代教育教师的总数为 65 449 人，但实际上只有 55 243 人，其中志愿者教师约占整个教师队伍的 8%。[3]

表 9.1 2007—2008 学年和 2015 年利比里亚大学阶段之前的学校教师人数 [4]

学校类别	2007—2008 学年	2015 年
学前教育	11 778	14 311
小学	22 253	30 438
初中	8 228	12 983

[1] 资料来源于联合国教科文组织官网。

[2] 资料来源于世界银行官网。

[3] 资料来源于世界银行官网。

[4] Ministry of Education of Liberia and World Bank. Liberia education sector analysis[M]. Monrovia: Ministry of Education of Liberia, 2016: 82.

续表

学校类别	2007—2008 学年	2015 年
高中	3 652	6 549
职业教育与替代教育	—	1 168
总计（包括重复统计）	45 911	65 449
总计（实际数量）	26 359	55 243

注：因存在部分教师兼教不同阶段学校现象，统计人数可能较实际人数多 1 万左右。

　　虽然教师队伍增长较快，合格教师的数量有所上升，但截至 2015 年仍有 50% 以上的教师未达到教育部要求的最低任职资格标准。学前教育学校合格教师约占 49.2%，但他们所具有的 C 级教师资格证书实际上是针对小学教师的专业培训，而非针对学前教育教师的专业培训。小学合格教师约占 62.3%，其中拥有 C 级教师资格证书者为 14 431 名，拥有 B 级教师资格证书者为 3 694 名，拥有教育学学士学位的教师为 797 名，但仍有超过 1.1 万名小学教师未能拥有 C 级资格证书。初中合格教师约占 33.1%，其中拥有 B 级教师资格证书者为 1 799 名，拥有副学士学位的教师为 1 549 名，拥有学士或硕士学位的教师为 947 名，拥有其他资格证书或文凭的教师为 107 名，拥有 C 级教师资格证书的教师为 5 072 名，还有一部分教师没有任何教师资格证书或学位证书。高中的合格教师约占 33.9%（见表 9.2）。[1]

---

[1] 资料来源于利比里亚教育部官网。

表 9.2 2015 年利比里亚学前教育至高中教育阶段合格教师数量与占比 [1]

教师类型	学前教育	小学	初中	高中
合格教师	7 048	18 975	4 295	2 219
不合格教师	7 261	11 463	8 188	4 330
总计	14 311[2]	30 438	12 983	6 549
合格教师占比	49.2%	62.3%	33.1%	33.9%

二、教师管理

利比里亚对包括教师在内的教职员工的管理主要依据的是公务员法和 2011 年教育改革法，对教师的管理和待遇规定主要有以下几个层面。

（一）任职资格管理

2011 年教育改革法规定，所有教师和学校管理人员均应持有相应的教师资格证书或学位。小学 1—3 年级的教师和管理人员须拥有高中毕业证书，至少在公认的教师培训机构接受过 1 年的教师培训，获得 C 级或以上教师资格证书；小学 4—6 年级的教师和管理人员，至少须拥有高中毕业证书，经过公认的教师培训机构 2 年的培训，获得 B 级教师资格证书或获得副学士及以上学位。担任初中教师和管理人员至少拥有 B 级教师资格证书或拥有副学士及以上学位。担任高中教师和管理人员必须拥有教育学学士或教

---

[1] 资料来源于利比里亚教育部官网。

[2] 本表格中，"学前教育"和"初中"两个学段的"总计"数字与相应前两项之和不同，但资料来源中便是如此，盖因利比里亚教育部统计有误所致。

育学理学士学位。其他学科的学士学位获得者担任高中教师和管理人员，必须获得高中教学文凭或 A 类教师资格证书，所学课程内容应包括教育心理学、教育测试与评估、课程创新与方法论、学校管理、教学材料、教学实践和包括农业、商业、语言、科学以及社会学等与高中课程相关的专业学位。担任职业教育学院的教师需要拥有高等院校的教育学副学士、学士、硕士和职业教育教师资格证书。

利比里亚在 2019 年才开始在农村教师师范学院开办培养学前教育教师的专业，所以 2011 年教育改革法未对学前教育教师的资格标准做出具体规定。在高等教育机构的师范学院中，任职教师至少要有硕士学位或博士学位。师范学院的讲师除须拥有硕士学位外，还必须具备教学资格。

2011 年教育改革法规定，除非持有专业资格证书和执教执照，任何人不得在教育部门内从事全职或兼职教学工作。获得教师执照的教师，应按照教育部规定的教师登记管理程序，在教育部教师登记处进行登记。发现有下列行为时，教育部有权取消、暂停、撤销、废除教师执照：所颁发的教师资格证书和执照是该教师通过欺诈获得或被错误颁发的；教师资格证书和执照持有人违反教育部制定、批准和发布的行为准则；持有教师资格证书和执照的人被有管辖权的法院认定犯有轻罪或以上罪行。

（二）招聘与解雇管理

2011 年教育改革法规定，所有公立学校的教师招聘都应符合公务员局的招聘程序。学区教育官员在本学区的公立学校教师岗位出现空缺时根据公务员和教师任职资格标准，负责招聘教师，并确保所在学区的学校提供优质教育。州教育官员负责确保本州的学校有足够的领取政府工资的教师职位。学校校长直接负责监督和支持教师，包括对教师进行年度绩效评估，支持他们的专业发展和帮助教师解决课堂上可能出现的问题等。校长每年须按照教育部制定的指导方针和程序对教师进行年度考核，对未能达到预期表现的，应当进行再培训；对经过再培训仍未能提高绩效的，应将其清除出教师队伍。全职教师的授课时间应占学校正常授课时间的65%—70%，但不得超过90%，以便其有时间备课、答疑和批改作业。除非校长豁免，所有全职教师在学校上课时间必须在校。授课时间低于全职教师正常上课时间65%的教师只能担任兼职教师。[1]

私人和宗教机构兴办、管理的私立和宗教学校教职员工招聘由各学校根据自己的规章制度自主进行，但须符合2011年教育改革法所规定的任职资格。

（三）行政违规与犯罪管理

根据公务员法和刑法的条款，2011年教育改革法提出了对教职员工的不当行为进行行政听证和采取纪律处分的程序，并制定了《利比里亚教师和学校管理人员行为守则》。该守则将在校时酗酒、在履行公务时不诚实、旷工、欺诈与盗窃等列为行政犯罪。教职员工违犯公务员法和常务治安条例时，可依据公务员法和常务治安条例予以处罚；如出现公务员法和常务治安条例中没有明确提到的违规行为，教育部长应与公务员局局长协商，发布对该违规或犯罪行为的处罚。具体违规和违法行为有以下几个方面：不服从上级，玩忽职守，擅离职守，在工作场所打架或扰乱工作秩序，伪造分数文件并签名，索贿和行贿，未经学校管理官员授权向学生或家长索取金钱和物资等。行政处罚措施包括停职、解聘或者其他具有行政性质的惩处。

---

[1] 资料来源于世界银行官网。

三、教师待遇

虽然面临经济困难，但内战后的三届利比里亚政府均努力通过提高公立学校教职员工，特别是农村地区学校教职员工的工资福利待遇等方式，鼓励他们安心从事教育工作。2011 年教育改革法规定，公立学校教师和行政人员的工资与奖金应与他们的任职资格和经验相称，并适当考虑其在农村或城市地区的学校工作及其所教授的课程类型。截至 2015 年，教育部的工资单上有近 2 万名教职员工，工资和补贴开支几乎占该部年度经常性开支的 90%。[1]

内战后，公立学校教职员工的基本工资随着公务员工资的增长每年都有所提高，2005 年平均为每月 20 美元，2006 年上升到 30 美元，2007 年为55 美元，2008 年为 75 美元，2009 年为 100 美元，2015 年为 151 美元，但部分未被列入正式工资单的教师每月的工资仅有 97 美元。教育部还与政府委员会合作，制定了根据教师的资格和经验确定薪酬水平和向被派到农村地区学校的教师提供奖励的机制。[2]

教师工资的管理由公务员局负责。每个财政年度开始时，学区和州教育官将教师名单提交给教育部，名单内容包括教师的名字、资格和年龄，由教育部提交给财政和发展规划部审核，并从财政预算中发放工资。

公立学校的教职员工退休时可享受退休和社会保障法规定的福利。教职员工生病时可享受 14 天的全薪病假，但需要由持证医生出具的证明，说明疾病的性质和时间长短；接受传统医疗方法治疗的教师，应出示患病证明。如需更长时间的病假，需经医生建议并向教职员工的直接上级主管提出申请。怀孕并生育子女的教职员工可享受 3 个月的产假和公务员法与公务员条例规定的全额工资与福利。教职员工享有自己选择团体医疗健康保险

---

[1] 资料来源于利比里亚教育部官网。

[2] 资料来源于利比里亚教育部官网。

的权利；教育部和利比里亚全国教师协会联合选择为教职员工提供医疗健康服务保险的公司，提供保险的公司须向教职员工宣讲相关保险政策。

教职员工在职期间可享受免费住房或住房补贴，并可根据奖学金项目的有关规定和程序，申请攻读学位或教师资格证书的奖学金。如有需要，教职员工还可向信誉良好的金融机构贷款，教育部可按教职员工的要求从其工资中扣减一定额度直接向贷款机构还款。

为显示国家对教育的重视和对教师的尊重，2011年教育改革法将每年9月的最后一个星期五确定为教育日和学校假日，学校可视情况举办庆祝和纪念活动。

虽然从法律和政策上对教职员工的工资和福利待遇做出了规定，也采取了具体的提高工资和福利待遇的措施，但因财政困难，利比里亚政府拖欠教职员工工资的现象经常发生。农村地区教师的住房还面临内外设施较差、缺少水电和通信信号差等问题，这些都是教职员工罢课和不愿到农村地区学校工作的主要原因。

私立和宗教学校教职员工的工资和福利待遇由校方与教师通过签订雇佣合同确定，通常高于公立学校教职员工的待遇。私立学校通常设在经济条件相对较好和人口稠密的城镇，因此吸引了大量任职资格和教学水平相对较高的教师，教学质量也大都高于公立学校。

第二节　师范学院

利比里亚的师范教育主要分为任职前的学院培养和在职培训与短期培训班、研讨会等几种形式。所有师范教育学院或专业都被划为高等教育范畴，但实际上除少数大学师范学院开办的本科和硕士教育专业外，多数师范学院和高等院校开办的师范专业仅相当于专科教育水平，又属于职业教育范畴。教育部师范教育司负责监督全国所有任职前和在职教师的教育与培训，包括农村教师师范学院以及几所提供教师和教育管理专业教育与培训的综合大学师范学院等。

一、专业师范学院

（一）农村教师师范学院

1．基本情况

因政治动荡和内战，利比里亚所有的师范学院和培训机构都受到破坏，2006 年上台执政的瑟利夫政府将修复农村教师师范学院作为恢复和发展教育的优先事项，先后修复了卡卡塔、佐尔佐尔和威博农村教师师范学院。

1980 年，佐尔佐尔和卡卡塔学院曾为高中毕业生开办了为期 2 年的 C 级教师资格证书专业，学生需要学习的基础课程主要有数学、科学、社会学和语言艺术，专业课程为教学材料编撰、课堂计划和教师管理、学生测试与评估、教育基础、课程改进、教学实践与学生教育和教育心理学等。为了确保学生在入职前了解小学的工作，学校还安排学生到学校实习，了解学校的实际教学工作情况，以在入职前获得初步的实际教学工作经验；培训导师也会对他们进行全程监测。师范学院的教师多为大学毕业生，拥有学士或硕士学位，并经常通过参加研讨会增进知识与培训技能。[1]

除教师外，政府也加强了对校长等教职员工的培训。根据《2017—2021 年教育行业计划》，2019—2020 财年，教育部招募 3 家外部培训服务提供者

---

[1] 资料来源于卡卡塔、佐尔佐尔和威博农村教师师范学院官网。

与 3 所农村教师师范学院合作，设计和实施加速教育计划对在职教师和校长的培训，并将此类培训项目作为可持续的政府项目办好。在全球教育伙伴关系组织拨款支持下，2021 年 2 月，6 个州的第一批 175 名学前教育教师、185 名小学教师和 395 名校长毕业。这 175 名学前教育教师是首批接受过学前教育培训的学前教育教师，结束了利比里亚全国长期没有学前教育教师专业培训的历史。整个项目拟在未来 2 年内培训 700 名学前教育教师、700 名小学教师和 1 500 名校长。[1]

2．教师资格证书

2007 年 10 月，教育部制定了《利比里亚教师专业标准》，内容包括教师所需的知识、技能和态度等。2008 年，教育部批准了农村教师师范学院时长为 1 学年的在职和任职前 C 级教师资格证书培训总体框架，并重新启动小学教师培训工作，以取代短期培训机构培训和颁发的 C 级教师资格证书项目。2009 年 6 月，佐尔佐尔农村教师师范学院率先举行首批获得 C 级教师资格证书学生的毕业典礼。2008 年到 2013 年，三所农村教师师范学院每年招收和培养 700 至 1 000 名 C 级教师资格证书毕业生，总共培养了任职前毕业生 2 554 名，在职教师受训生 1 607 名。[2]

C 级教师资格证书的课程主要包括教育基本原理、教学内容、教育学、儿童发展和教学实践五门核心课程。其中教育基本原理包括教育导论、伦理和行为主义、教育问题、阅读理解、写作效果、数学和科学概念等；教学内容、教育学、儿童发展三门专业课程的内容主要包括语言艺术、社会学和数学教学等；教学实践旨在加强学员的职业技能。在完成每个课程的阶段性内容后，培训导师都会准备一个测试和研讨活动，以让学员能够从

---

[1] 资料来源于世昇银行官网。

[2] 资料来源于联合国教科文组织官网。

与导师的互动研讨中学习。

为培养更多初中教师和提升农村教师师范学院的培训水平，2009 年，教育部制定了培养 B 级教师的专业培训课程，并开始在农村教师师范学院开办培养 B 级教师资格证书的专业。B 级教师资格证书采取任职前和在职培训两种方式：申请任职前培训的学生必须获得高中毕业证书，入学后需在校学习 2 个学年并通过各科考试和实习，方能获得教育部颁发的 B 级教师资格证书；申请在职培训的教师须是 C 级教师资格证书拥有者，同样需要通过为期 2 年的在校与在职相结合的学习，方能获得教育部颁发的 B 级教师资格证书。[1]

（二）其他师范学院

除三所公立农村教师师范学院外，利比里亚还有一些私立的专业师范学院，其中比较有特色的是利比里亚合作标准师范学院。该院由利比里亚一些资深教师和学校行政管理人员于 1994 年 11 月创办，目的是通过任职前和在职培训为小学和初中培养合格的教师和管理人才。有志于担任教师的高中毕业生和希望通过培训提升教育水平的在职教师都可以报名。通过培训，他们将成为合格的小学和初中教师、高中教师助理、学校管理人员等。为节省开支以及使偏远地区的学生和教师能够接受培训，学院采取远程培训方式。

学院总部位于蒙特塞拉多州的佩恩斯维尔市，并在马里兰等州设有分校。截至 2022 年，该院共有学校管理、普通科学、社会学、数学、英语文学、学前教育和普通教育 7 个系，在校师生共 1 126 名。自建院以来，该院共培训了超过 16 000 名教师和学校管理人员，为利比里亚的教育事业做出

---

[1] 资料来源于教育部官网。

了积极贡献。该院的培训方式顺应利比里亚国情，在解决偏远地区教师人才流失问题方面发挥了一定作用。

二、综合大学师范学院

利比里亚的师范教育相对落后，仅有极少数大学或学院开办了师范学院，并与教育部建立了较为密切的师范教育研究和教师培训合作关系。

（一）利比里亚大学威廉·杜伯曼师范学院

威廉·杜伯曼师范学院（以下简称杜伯曼师范学院）的前身是 1947 年 3 月建立的一所教师学院，系利比里亚政府为满足国家对训练有素的教师的迫切需求与西非学院建立的一家合作学院，主要向高中毕业生提供为期两年的学术和专业培训，以使他们能够担任小学教师。1950 年，该院成为完全由利比里亚政府拥有的一家独立学院；当年 9 月，该院向 6 名男生和 3 名女生授予教育专业科学学士学位。1951 年，该院与其他 5 所学校和利比里亚学院合并组成利比里亚大学，学院的培训项目也从 2 年改为 4 年，并更名为杜伯曼教师培训学院。1962 年，该院更名为杜伯曼教师学院，后又更名为杜伯曼师范学院。

学院主要通过培养有志于从事教育工作的高中毕业生成为合格的小学和中学教师来促进国家教育科学的发展，同时也帮助在职教师提高他们的职业技能，并在国家的教育计划与项目方面与教育部合作。学院还与其他师范学院、蒙罗维亚联合学校系统、其他教育机构以及全国中小学合作，参与教师培训试验项目的研究和工作。截至 2022 年 8 月，学院拥有 9 名行政管理人员，其中博士 1 人，硕士 4 人。该院主要设有以下系和专业。

1．学前教育系

该系的主要目标是通过精心设计的教学和实践课程培养合格的学前教育学校教师，以满足国家对训练有素的学前教育教师和越来越多的幼儿接受学前教育的需求。成功完成各科学业并通过考试和教学实践，获得 131 个学分的学生将被授予学前教育专业科学学士学位。截至 2022 年 8 月，该系拥有 2 名教育学硕士教师。

2．小学教育系

该系的主要目标是通过提供精心设计的教学和实践课程，为利比里亚小学的发展培养高素质的教师。该院设有为期 4 年的小学教育科学学士学位，专业课程主要聚焦于 4 个专业：语言艺术、社会学、数学和科学。4 年的学习时间被划分为 2 年的普通教育课程和 2 年的专业课程，成功完成各科学业并通过考试和教学实践而获得 128 到 145 个学分的毕业生将被授予小学教育专业学士学位。该系还与教育部合作提供为期 1 年的教师资格证书课程，以培训有经验的在职小学教师担负提升农村地区学校数学教学的引领作用。参加这个项目的学生至少需拥有高中毕业证书。截至 2022 年 8 月，该系拥有 1 名博士和 3 名硕士教师。

3．中学教育系

该系的主要目标是通过精心设计的教学和实践课程，为利比里亚中学的发展培养高素质的教师。该系主要提供为期 4 年的英语、数学、科学、社会学、商业和农业专业教育课程；除以上专业课程外，学生还必须完成通识教育、专业教育以及主科和副科课程的学习，成功完成各科学业并通过考试获得 128 至 145 个学分和教学实践的学生将被授予中学教育学士学位。截至 2022 年 8 月，该系拥有 1 名博士、13 名硕士和 2 名硕士研究生教师。该系还设有非学位的学制为 2 年的 B 级教师资格证书培训项目，2 年学习中获得的学分可以转入 4 年的学位学习项目。

4．教育管理与监督研究生专业

教育管理和监督研究生专业成立于 1990 年，旨在培养和授予有志于从事教育管理和监督工作的学生文学硕士和教育学硕士学位，为利比里亚国内外教育行业的行政管理人员提供学士学位以上的专业发展机会，改善对学校的管理和对教学项目的监督，帮助提高利比里亚的整体教育质量。

该院的入学条件为经认证的大学或同等教育院校各科成绩平均 3.0 或以上，并拥有 2 年专业教育经验的学士学位获得者。如遇特殊情况，可以有条件地录取各科平均成绩绩点不低于 2.7 的学士学位获得者，但每门课程的成绩至少是 B，每学期至少需修 12 个学分，并需参加入学笔试和面试，非师范学院或同等学力的学士学位获得者被正式录取前必须参加教育专业的补修课程。教育管理与监督专业研究生获得文学硕士和教育学硕士学位的要求是至少成功获得 48 个学分。[1]

5．科学教育中心与测试和评估中心

科学教育中心向学员提供中小学科学课程教学方面的培训，测试和评估中心负责大学的入学和实习考试。

---

[1] 资料来源于利比里亚大学官网。

（二）斯特拉·玛丽丝理工大学约翰·柯林斯主教师范学院

该院宗旨是通过培养充满热情、敬业和合格的任职前与在职幼儿园、小学和中学教师，并与教育部合作帮助其改善学校的课程和教学计划，以促进利比里亚教育事业的进步。学院主要设有为期一年的小学 C 级教师资格证书、学前教育（幼儿园）C 级教师资格证书、C 级体育教师资格证书、C 级成人教育教师资格证书、为期 2 年的初中 B 级教师资格证书和宗教教育教师资格证书及向学校校长、副校长和其他有兴趣从事学校管理工作的人士提供教育管理学副学士学位和基础教育理学学士学位等。

C 级小学教师资格证书需获得 33 个学分，B 级教师资格证书需在 C 级教师资格证书基础上另获 31 个学分，副学士学位需在 B 级教师资格证书基础上另获 40 个学分，学士学位需在副学士学位基础上另获 32 个学分，获得学士学位总共需要 136 个学分。

为满足不同层次学生的需要，拥有 C 级、B 级教师资格证书和副学士学位的学员可申请攻读教育学理学学士学位，但每门功课的成绩至少需达到 B 级，副学士和学士候选学员可选择重点攻读两个学科的内容以为课堂教学做好充分准备。申请攻读副学士或学士学位的学生还需拥有高中毕业证书和西非考试委员会的考试成绩，分别提交高中和一名牧师或伊玛目的推荐信，并通过学校的入学考试。此外，学院还通过研讨会、讲座和座谈会实施特别培训项目，为需要培训教师的学校提供短期定制培训项目，并在学员满足项目的所有要求后颁发相应证书。

2008 年 9 月，该院创办了包括小学、初中和高中班的学校，可让学院的学生和在职培训教师在该校实习。[1]

---

[1] 资料来源于斯特拉·玛丽丝理工大学官网。

第三节 教师教育的挑战和对策

一、面临的挑战

（一）教师的整体素质不高

据教育管理信息系统 2020 年的数据，全国仅有超过 50% 的教师拥有所教年级所要求的最低级别的教师资格证书。其中，拥有合格的教师资格证书的小学教师占 62.3%，初中和高中分别只占 33.1% 和 33.9%。即使是拥有教育部颁发的合格资格证书的教师，所接受的师范教育与周边国家和国际水平也存在较大差距。[1]

受内战后遗症的影响，多数利比里亚高中毕业生的成绩本来就很不理想，进入师范学院和大学学习的学生的读写与计算能力往往都很差，现有的教育和培训课程很难在短期内纠正这些缺陷。对在职教师而言，教育部虽然也积极组织他们接受资格培训，但受不少教师无法脱产学习影响，接受培训的时间很短。

教师队伍素质不高的另一个重要原因是由于缺乏足够的财政投入导致教师培训学院和师范学院普遍存在基础设施差、教育设备不完备、教师数量不足和教学水平不高等现象。在 2017 年 7 月 24 日举行的卡卡塔农村教师师范学院第 8 批 C 级教师资格证书毕业典礼上，该院管理人员称，虽然该院最近修复了科学楼的厕所、宿舍和教师休息厅，但仍面临缺少接送学校管理人员和运送学校物资的车辆、科学实验室、学院的农场及其他教学设施需要修复等问题。学院面临的另一项困难是政府拨款不足和拨款经常不

---

[1] 资料来源于利比里亚教育部官网。

能及时到位。由于教学人员不足，学术主任、注册主任和教育社会心理顾问等既要完成本职工作，又要承担教学任务。[1]

（二）教师资源分布不均

利比里亚的教师资源分布不均主要表现在城市与农村学校、经济社会条件相对好的州与较差的州之间存在较大差距。实际上，世界各国，特别是非洲国家，普遍存在难以吸引教师到农村，特别是偏僻农村学校任教的困难。利比里亚的农村教师，经常会遇到难以获得包括医疗保健、电力、移动通信、银行、清洁用水等基本生活和社会服务的实际困难。与城市教师相比，农村教师不仅获得专业发展、晋升和额外收入的机会更少，而且存在不熟悉当地土著民族语言和习俗等额外压力。

在教师资源的地区分布不均衡方面，同样表现出明显的蒙特塞拉多效应。虽然蒙特塞拉多州的学生仅占全国入学人数的 39.32%，但却拥有全国教师的 50.29%（见表 9.3）。不仅合格教师的数量和比例更高，教师与学生人数之比也远远高于全国平均水平。

表 9.3 2015 年利比里亚各州入学人数与教师占比情况 [2]

州名	学生人数占比	教师数量占比	差额
伯米州	2.65%	1.82%	-0.83%
邦州	8.21%	6.58%	-1.64%
巴波卢州	1.72%	1.20%	-0.52%

---

[1] 资料来源于卡卡塔农村教师师范学院官网。

[2] 资料来源于利比里亚教育部官网。

续表

州名	学生人数占比	教师数量占比	差额
大巴萨州	5.12%	3.52%	-1.60%
大角山州	2.93%	2.71%	-0.22%
大各德州	2.92%	2.71%	-0.21%
大克鲁州	1.76%	1.58%	-0.18%
洛法州	6.92%	5.27%	-1.65%
马及比州	7.34%	7.52%	+0.18%
马里兰州	3.40%	2.99%	-0.41%
蒙特塞拉多州	39.32%	50.29%	+10.97%
宁巴州	12.24%	10.09%	-2.15%
里弗塞斯州	1.59%	1.14%	-0.45%
吉河州	1.50%	1.25%	-0.25%
锡诺州	2.37%	2.08%	-0.29%

全国公立幼儿园的师生比平均为 1∶53.1，但州与州之间存在较大差距，从 1∶34 到 1∶66 不等；非公立幼儿园的教师与学生比要好于公立幼儿园，平均为 1∶28.6，各州之间的比例从 1∶26 到 1∶45 不等。公立小学的师生比为 1∶27.6，各州之间的比例从 1∶21 至 1∶35 不等；非公立小学的师生比为 1∶17.4。全国各阶段合格教师与学生的平均比为 1∶43.7，但最好的蒙特塞拉多州为 1∶33.8，最差的锡诺州则高达 1∶90，其中 6 个州的合格教师与学生比超过 1∶60，只有蒙特塞拉多、马及比和宁巴州的合格教师与学生比好于全国平均水平。[1]

---

[1] 资料来源于刘比里亚教育部官网。

（三）教师性别失衡

教育管理信息系统的统计数据显示，2015 年，学前教育阶段的女教师为 8 145 人，小学为 6 262 人，初中为 1 368 人，高中为 435 人。女教师在学前教育阶段的占比为 57%，在小学的占比为 21%，在初中的占比为 11%，在高中的占比仅为 7%（见表 9.4）。虽然女教师在全国学前教育至高中阶段学校中的平均占比为 24%，但在不同的州之间存在极大的差距，其中蒙特塞拉多州的占比为 31.8%，里弗塞斯州仅为约 11%。农村教师师范学院招收的学生中大约 22% 为女性，意味着未来男女教师比例失衡的问题的将持续存在。

表 9.4　2015 年利比里亚学前教育至高中阶段学校女教师人数及占比 [1]

类别	学前教育	小学	初中	高中	总计
女教师人数	8 145	6 262	1 368	435	16 210
女教师占比	57%	21%	11%	7%	24%

女教师在全国教师队伍中占比偏低的原因主要有以下几个方面：一是存在重男轻女的传统陋习；二是当地社会存在早婚早育现象；三是参加教师培训项目的妇女经常得不到丈夫和家人的支持；四是从事教育职业面临被分派到偏远地区学校工作的可能，对女性来说面临的困难有些几乎难以克服。

2015 年的一项对 2012 年和 2013 年获得利比里亚大学师范学院奖学金的女生的跟踪研究表明，虽然 31 名女生中的 21 名在教育行业找到了工作，

---

[1] 资料来源于世界银行官网。

9 名在等待教育部雇用，但未找到工作的原因是因为她们不喜欢到有空缺的农村学校工作，找到工作的多数女生则进了地处都市地区的私立学校的行政岗位。

（四）教师管理机制存在缺陷

总体上看，利比里亚各阶段学校的管理均存在一定缺陷：对教师的表现缺少定期监测和明确的奖惩机制，缺乏清晰的提拔或职业晋升路径，教师缺勤比例很高。公务员法规定，新入职公务员须经过三个月至一年的试用期，试用期后由主管根据其表现情况和能力评估其是否符合任职标准，如果评估未达标，他们的雇佣合同将被终止。教师虽然被纳入了公务员系列，但教育部却缺少在教师试用期结束时对其进行评估或进行年度绩效考核的机制。

由于教师的工资和晋升与日常表现及教学业绩未挂钩和监管不严，许多学校的教师，特别是农村地区学校的教师缺勤现象严重。有正当理由的缺勤包括参加政府、教育部、州与学区教育办公室组织的活动和培训，赴州政府所在地领取工资，生病，处理家庭紧急事务，雨季天气和道路状况差等。2016 年的一份调查显示，一些农村地区教师仅因每月长途跋涉去州政府所在地领工资，就造成每个月缺勤多日，占教师缺勤原因的 30%。除以上具有正当理由的缺勤外，不少教师还经常因从事第二职业、照看自家农场、每周去农村地区仅开放一两次的集市采购生活用品、参加社区的文化或宗教活动而缺勤以及迟到或早退。[1]

---

[1] 资料来源于世界银行官网。

二、应对策略

（一）加大对师范教育的投入

2011 年教育改革法规定政府有责任确保教师获得合格的任教资格、适当的补偿和激励以履行他们的职责。教育部的长期目标是努力贯彻落实上述法律规定，建立一个适应国家发展需要的现代教师培训体系。为实现上述目标，维阿政府于 2018 年上台执政后不久，即在国家教育峰会上向人民承诺，将教育作为政府优先事项之一，加大对教育的投入，通过增加政府投入和争取国际机构与双边援助国的援助等措施改善高等院校师范学院、农村教师师范学院、职业教育教师学院的基础设施和培训能力。

（二）努力提高教师的素质

教育部主要拟采取以下举措为所有教育机构培训更多有能力、具有合格教师资格证书和有志于从事教育事业的教师。

教育部将通过争取国际机构和双边援助国援助，派遣更多学习教育专业的留学生，并在他们学成归国后派往高等院校的师范学院、农村教师师范学院和职业教育教师培训学院等，以增强教师培训的能力。同时，教育部采取激励措施，如提供奖学金等，鼓励在职教师在整个职业生涯中通过持续学习获得更高一级的教师资格证书或学位；分批安排那些仅经过短期或紧急培训计划取得资格证书的教师到农村教师师范学院接受再培训，将那些经过再培训仍无法达到合格标准的教师转到非教师岗位，并为职业教育和扫盲教育机构的教师提供培训与专业发展机会；鼓励拥有 C 级和 B 级资格证书的教师攻读教育学学士学位，允许他们将其在农村教师师范学院和其他师范学院获得的学分转到学士学位项目。

考虑到教师培训的费用较高，教育部联合国际机构和师范学院制定了通过远程培训培养更多在职教师的计划，并在学校假期为在职教师举办专业研讨会和讲习班，以使他们及时学习新的学科知识和教育理论与方法。

对大学教师而言，教育部将逐步实施担任大学教师必须拥有硕士学位的要求，制定激励和支持教师更好地履行职责的制度和政策，提升教师职业的荣誉和地位，加强对教师的监督管理和绩效考核等。

（三）采取措施缓解教师分布不均的问题

政府将借鉴非洲邻国经验，制定农村教师激励计划，通过新建教师住房、增加地区补贴以及优先招聘和培训家在农村的教师，并与之签订接受培训或毕业后返回家乡任教的合同等方式，确保合格教师愿意被派往农村地区任教并安心工作。

同时将在提供奖学金方面向农村学校的教师倾斜，与通过奖学金接受培训或攻读学位的农村学校教师签订受训或毕业后继续在原校或其他农村学校任教并服务一定时限的合同。建立通过培训和考核为在职教师，特别是农村教师，提供在职晋升和职业发展机会机制，向被分配到农村和各种生活与娱乐服务设施缺乏地区的教师提供适当的物资供应服务等。

（四）鼓励和支持更多女性从事教育工作

制定吸引女性从事教育事业和提高学校女教师数量与比例的政策，要求师范学院在招生时招收一定比例的女生，通过提供奖学金鼓励女性高中毕业生攻读师范专业，支持女教师通过培训获得更高等级的任职资格，从而促进各级教师之间的性别平衡。在中断了 20 年后，教育部于 2016 年重新在农村教师师范学院启动了为期 2 年的新 B 级教师资格证书培训专业，要

求学生选学教授初中课程的一个专业，并规定在所招收的学生中至少须有
25% 的女性。[1]

（五）加强监管，设法缓解教师缺勤问题

为了加强对教师的监管，政府将建立一个统计和存储包括教师所在学校、培训经历、在校表现、责任心等内容在内的个人信息数据库，增加对州和学区教育办公室人员、校长以及家长教师协会成员的相关培训。

与此同时，教育部将通过移动支付解决偏远地区学校教师领取工资的困难。虽然教育部已通过电子方式向教师在商业银行开立的账户支付工资，但因大量偏远地区学校的附近缺少银行服务，导致不少教师每个月仍要花几天去有银行网点的城市领取工资。

---

[1] 资料来源于利比里亚教育部官网。

第十章 教育政策

第一节 教育立法与政策

利比里亚是最早通过立法规范教育制度的非洲国家之一，1912年就通过义务教育法建立了中央教育制度，规定为6至16岁的儿童提供免费教育，但主要覆盖美国移民及其后裔。此后利比里亚又先后通过多部教育法案，并在宪法等法律中做出关于教育事务的规定。由于法案需要国民议会两院审议通过，牵涉面较广，通过程序复杂，政府还制定了一些关于教育的专项政策。

一、宪法关于教育的规定

利比里亚宪法有关教育的条款承诺保障所有公民平等获得教育的机会。1984年7月2日通过并于1986年1月6日生效的宪法第二章第6款宣布：公民个人对利比里亚社会、经济和政治福祉至关重要，国家应向所有公民提供平等的教育机会和享受所有（教育）设施的权利，（教育）重点应放在向利比里亚人民提供大众教育和消除文盲方面。[1]

---

[1] The Government of Republic of Liberia. Constitution of the Republic of Liberia 1986[M]. Monrovia: The Government of Republic of Liberia, 1986: 3.

二、2011 年教育改革法

根据新的形势变化，利比里亚内战后首届民选政府采取措施恢复和发展被破坏的教育，于 2011 年制定了取代 2002 年教育法的 2011 年教育改革法，并于 2011 年 8 月 8 日经时任总统瑟利夫签署生效。瑟利夫总统在签署该法的声明中强调，该法是利比里亚政府为实现权力下放而采取的几项改革措施之一，目的是为教育体制的改革奠定基础，将更多权力交给地方和社区。[1]

2011 年教育改革法开宗明义地宣布：利比里亚政府认识到，教育有助于减贫，对公民个人的成长和国家发展至关重要，教育，特别是基础教育，能使人们具备相关技能以参与国家的基本经济和社会活动；强调为了与宪法（关于教育）的要求保持一致，越来越需要确保所有公民和居民在不受歧视的情况下获得高质量的教育机会；利比里亚政府相信教育将促进民族团结和国家统一，并推动全体公民形成爱国主义和民族主义的强烈愿望；教育在当前科学技术飞速发展和利比里亚社会与国际社会互动日益频繁和复杂的情况下变得更加重要，因而需要一种新的教育哲学；相信教育的普及对于所有个人和国家的发展至关重要，不仅有助于提升国家的良好治理能力，而且有利于促进机会公平、改善生活质量；教育能够激励学生尊重和欣赏每一个人，帮助学生自力更生和自我实现；持续完善国家教育系统。

2011 年教育改革法宣布，其适用和涵盖范围为利比里亚共和国境内所有公立学校、私立学校、教会学校、寄宿学校、职业教育机构、教师培训学院、大学和学院、海事和林业学院以及所有属于教育行业的合作伙伴，但不适用于军事训练中心和警察 / 安全培训学院。该法提出了教育系统的主要发展目标：确保向所有公民提供优质教育；促进所有利比里亚人不受任

---

[1] 资料来源于利比里亚教育部官网。

何歧视地获得教育的公平机会；促进和维护公众对教育体系的信心；下放教育系统的权力，以使其能在全国发挥最大效益；促进和保护所有利比里亚人的人权概念和获得优质教育机会的权利，降低国家的文盲率；促进整个教育系统和教育机会的性别公正和平等；培养拥有国家重建和发展所需要的知识与技能的优秀公民；确保教育部门的管理符合国家教育理念和教育发展目标。

教育改革法还对学校的爱国主义教育做出专门规定，要求所有学校均应悬挂利比里亚共和国国旗和学校所在州的州旗，学校每天开始上课前须安排学生和教职员工举行升国旗仪式并朗诵宣誓效忠利比里亚共和国的誓词。学校举行的所有集会均须奏唱利比里亚国歌《为利比里亚欢呼！》。

与 2002 年教育法相比，2011 年教育改革法较为重大的变化体现在：允许各州学校委员会做出与本州教育相关的决定，并获得对本州学校系统的所有权；建立一个由政府出资、私人捐款的国家学生贷款项目，以帮助更多贫困人口接受教育，提高高等教育阶段的总入学率。该法要求努力使教育职业更加专业化，重组和提升教师培训机构，使其达到初级学院水平，并可授予毕业生副学士学位；根据教师所获得的教师资格、专业、工作量和工作地点等相应地提高教师的工资和补贴。

三、儿童法

为保护和促进儿童接受教育的权利，利比里亚政府在 2011 年 9 月生效的儿童法第三条第 9 款中对儿童的受教育权利做出规定。主要内容如下：每个儿童都应享有接受教育的权利，政府应根据儿童法和 2011 年教育改革法的规定，确保小学和初中阶段的免费和义务教育。教育部应采取措施鼓励适龄儿童入学，帮助辍学儿童重新入学或为他们提供可以替代的教育；逐步发展各种形式的中等教育，并使所有青少年都能够免费和容易获得这类教育；逐步实现让所有人都可基于才能和能力获得高等教育的目标；要求教育部与地方政府合作，鼓励学生持续学习，降低辍学率，并通过内政部与地方政府一道采取特殊措施确保女性、天资聪慧的儿童和弱势儿童平等与公平地接受教育的权利；教育部应通过内政部和其他部与地方政府部门合作，制定和实施为幼儿提供包括学前教育在内的教育计划。

四、国家高等教育政策

2015 年 6 月，利比里亚国家高等教育委员会（以下简称委员会）发布了经政府批准的《利比里亚国家高等教育政策》，为高等教育制定了指导性框架。

根据传统和 2011 年教育改革法，提供中等教育以上学位课程的教育机构被定义为高等教育机构，并分为政府创办和管理的公立大学或学院、私人投资创办和管理的私立大学或学院、宗教机构创办和管理的宗教大学或学院。该政策还列出了申请并获得创办和运营高等教育机构许可证的详细程序与标准，获得学术认证的具体内容，以及对评审未达标或违犯委员会规定的院校暂停或撤销经营许可证的罚则。该政策规定大学或学院可根据其师资和学术设施情况，经委员会许可和认证后可分别授予副学士、学士、硕士学位。

该政策要求高等教育学院或大学须由一名校长或院长负责管理院校的整体运作，除特殊情况外，高等院校的校长或院长应拥有国家认可的高等教育机构所授予的学术博士学位；学术项目由教务长或主管教务的副校长领导，主管教务的教务长和副校长也须拥有学术博士学位；大学下设的学院由学术院长领导，院长至少应拥有与该学院所教授课程相关学科的硕士学位。

该政策还对学术剽窃行为、提交虚假或伪造学术证书、学术研究的道德标准、师生关系、远程学习、政府拨款与补贴和奖学金等内容做出了相关规定。

第二节 教育发展计划

利比里亚的教育虽然与世界上多数低收入国家一样相对落后，但为了促进国家教育事业的发展，特别是争取国际社会的援助，在国际机构支持下制定了不少关于教育发展的计划。近年来主要教育计划如下。

一、《利比里亚高等教育战略计划》

为促进高等教育发展，利比里亚国家高等教育委员会于 2012 年 11 月出台了为期 10 年的《利比里亚高等教育战略计划》。该计划的目标是聚焦国家、社会、政治和经济发展重点，培养高质量的人力资源；在 10 年内逐步建立一个管理良好并获得国际公信力的公共与私立高等教育体系，以满足利比里亚增长和发展需要，改善人民福祉，促进和平与安全。该计划将重点放在发展对利北里亚经济至关重要的能源、交通、卫生、农业、渔业和林业等专业学科，利用高等院校的创新能力和创造潜力发展附属企业，为国家经济和社会发展创造财富。

落实该计划的主要措施如下。（1）致力于重建和改善高等教育机构的基础设施和服务，为教职员工和学生的职业发展制定精细的计划，使学生掌握劳动力市场所需专业知识与技能，增强社区学院培养学生进入就业市场或大学深造的能力。（2）加强高等教育与中等教育，普通教育与职业教育之间的联系与合作，为学生提供咨询和学术指导服务；制定包括奖学金、经济援助和贷款在内的国家学生援助计划，确保存在智力、视力、体能障碍的残疾人，女性和贫困群体能够公平地获得高等教育。（3）建立独立的认证和质量保证体系，确保高等院校和项目的质量符合国家、区域和全球标准。（4）建设全国性的通用图书馆与资料网络，通过推动高等院校之间的合作，促进信息技术在高等教育系统中的建设和一体化，促进教职员工与学生充分利用信息技术。（5）协调解决高等院校教师的老龄化等问题，提升教学效率与效果，建立有助于留住高素质教职员工的专业协会。（6）改革和重新定位专业课程、研究与服务项目内容，使其更符合国家发展议程需要；研究与国内冲突根源相关的信息，制定应对和避免未来发生冲突的战略。（7）加强包括国家高等教育委员会秘书处在内的高等教育机构的能力建设，每两年进行一次高等教育人口普查并编制普查报告，以掌握高等教育体系的最新数据。（8）协调和支持高等院校与其他国家的高等教育机构建立伙伴关系，支持高等院校加强与私营部门的合作，以利用他们的专业技能和资金支持教学、实习和资助他们所需要的教育项目。

二、《2017—2021 年教育行业计划》

在总结《2010—2020 年教育行业计划》所取得的成绩和面临的挑战基础上，利比里亚政府根据国内国际形势发展变化于 2016 年 12 月 15 日推出了取代上述计划的《2017—2021 年教育行业计划》。新的计划提出了如下愿景：每个儿童都能就近上学，每个教室都有一名优质教师，通过学习各阶段教育的新课程改善学习效果；让青年能够获得相关的优质教育和培训，以提高他们的生活和就业技能；制定使所有学校的校长、教师、州和学区教育官及教育委员会努力改进教育质量标准、改善学习效果和相关技能的健全、可行与有效的教育监督管理机制。该计划确定的主要目标是，进一步提高幼儿、基础、高中、替代、职业和高等教育的质量、公平性以及与经济社会发展和就业市场的匹配度。

为实现上述愿景和目标，该计划针对教育系统存在的主要问题提出了九项应对战略：建立有效的改善学校质量和问责的机制；提高教育管理体系的绩效；提高学前教育的入学人数和教育质量；为超龄和失学儿童等提供高质量的替代和加速教育；提高教师队伍的质量和待遇；确保教师能够获得高质量的教学材料；促进两性教育公平，改善学生卫生与健康；提高职业教育质量及其与劳动力市场需求的匹配度；提高高等教育的质量和公平性。

总体上看，该计划的愿景和目标反映了利比里亚政府和人民对改善和发展本国教育事业的强烈愿望和热切期盼，以及教育部门为满足这种期待和愿望所做出的努力。计划所提出的九项应对战略切中利比里亚教育发展存在的紧迫问题，非常全面和具体。除加强教育部、地方教育部门和学校的能力建设，如在教育部增设质量监督检查机构外，也有需要整个政府通力协作才能落实的法律、政策和机构建设工作，如修订高等教育法案，更有需要政府增加财政投入和争取国际援助伙伴支持才能实现的具体目标，如改善学校的供水和卫生设施等。

该计划出台后，利比里亚教育部门积极争取国内各部门的支持和国际伙伴的援助，努力落实计划提出的各项战略，在不少方面取得了一定成效。比如，世界银行发布的文件指出，利比里亚政府在实施《2017—2021 年教育行业计划》方面取得了积极进展。主要成就包括：在雇用符合资格标准的教师的同时，从工资表中清除 1 900 名影子教师；向约 2 500 所基础教育阶段学校的 373 845 名学生提供了数学、科学、社会学和英语教科书；实施了国家幼儿发展部门间政策；通过重组教育部、精简人员和节省开支等为学校提供了更多资源；在发展伙伴的支持下，在低年级学生读写计划、教师培训计划和加强对失学儿童的支持等方面取得了积极进展。此外，利比里亚政府还采取措施通过学校质量评估工具加强问责制，以监测学校的效率。该工具已于 2021 年 3 月在 6 个州进行试点，在 2021—2022 学年全面实施。[1]

该计划原定于 2017 年 7 月 1 日开始实施，至 2021 年 6 月 30 日结束。但因受 2017 年大选、2018 年政府更迭和 2020 年新冠疫情暴发等各种主客观因素影响，该计划的许多战略措施并未得到真正落实，其所取得的成效也十分有限。根据惯例，利比里亚政府本应在上一计划结束时出台替代性的计划，但因该计划的大部分战略并未得到贯彻落实，所以教育部直到 2022 年 8 月 17 日才完成了新计划的起草工作。[2]

三、《繁荣与发展亲贫议程》

2018 年 1 月宣誓就职的维阿政府为推动国家经济社会发展，特别是帮助利比里亚人民摆脱贫困，于 7 月颁布了在 2018—2023 年实施的《繁荣与发展亲贫议程》。该议程将教育作为"赋能人民"发展支柱的重要内容，主要提出了以下改善教育的发展目标：减少妇女和儿童的失学率和提高毕业率；扩大基础教育和在各阶段教育学校推广信息与通信技术；使幼儿教育学校教室与学生的比例降到 1∶50 以下，并制定标准化的幼儿教育课程；确保 70% 的高中毕业生通过西非考试委员会的考试；通过培训将合格的教师比例提高到 60%，使公立学校的女教师数量增加一倍；通过技术和职业教育与培训及替代教育项目为所有人提供终身学习机会；制定高等教育转型战

---

[1] 资料来源于世界银行网站。

[2] 资料来源于利比里亚教育部官网。

略，加强高等教育的治理与管理体系，改善教学方法和基础设施，增强高等教育为国家发展做出更大贡献的能力。为减轻大学生和高中生的经济负担，维阿政府还宣布免除所有公立大学本科生的学费，由政府为参加西非考试委员会的全国高中毕业生支付考试费用。[1]

四、《2022—2023 学年至 2026—2027 学年教育行业计划》

在总结贯彻落实以前各项教育计划经验教训的基础上，利比里亚教育部于 2022 年 8 月 17 日完成了《2022—2023 学年至 2026—2027 学年教育行业计划》最终版本的修订工作，并经与政府相关部门磋商和总统批准后于 2023 年 4 月正式发布。该计划主要提出了如下三大目标。

（一）增加获得教育机会的公平性

为了使民众平等地获得教育机会，政府将从学前教育开始减少超龄入学儿童数量，并着力降低各阶段教育学校失学儿童的比例，重点解决因性别和地区不同而存在的入学和失学比例不平衡问题。

（二）提高教学和学习质量及其与经济发展和就业的相关性

为实现该计划中的这一目标，政府将实施的主要战略措施如下：确保建立和部署一支合格的教学队伍，特别是在农村地区；向全国各阶段学校

---

[1] 资料来源于利比里亚总统府官网。

提供新课程的教学和综合性学习材料，包括高质量的科学、技术、工程、数学、职业教育和数字课程等，并对学生学习这些新课程的效果进行评估；扩大与劳动力市场匹配的高质量、高包容性和性别平等的职业教育培训范围；从学前教育阶段开始增加科学、技术、工程、数学和数字教育学科的学习和培训内容，以培养一支具有 21 世纪发展需要的劳动力队伍；提高学校质量标准，确保学校和教育机构为学生提供健康、安全的学习环境。

（三）提高工作效率和加强管理能力

该计划中的最后一点是提高效率和加强各级管理能力。为达到这一目标，政府将通过收集和使用包括职业教育和高等教育在内的各阶段教育质量管理信息系统数据，建立有效的监测和评估机制，改善教育系统的管理、治理和责任制；为包括学校校长和行政人员在内的学校领导者提供持续的专业发展培训，以提高中央、地方和各级学校行政管理与监督人员，特别是女性领导者的能力；继续通过加强公私伙伴关系以充分利用私营部门办教育的潜力。[1]

总体上看，利比里亚的多数教育计划都是在国际机构和双边援助国资助下制定的，因利比里亚政府缺少必要的能力和资金来制定与实施相关计划。此外，制定计划的目的之一是争取国际机构和双边援助国的支持，因而所提出的目标与实施措施存在受国际机构与双边援助国影响而脱离本国实际和量力而行的问题，导致多数计划所提出的目标难以实现。

---

[1] Ministry of Education of Liberia. Education sector plan 2022/23—2026/27[M]. Monrovia: Ministry of Education of Liberia, 2022.

第十一章 教育行政

　　利比里亚采取立法、司法和行政三权分立的政治体制。三权的行使机构国民议会、最高法院和政府从其职责分工的三个方面均对事关国计民生的教育具有一定的管辖权。作为立法机构的国民议会主要负责教育法案的起草、审议和教育行政的监督工作。参议院和众议院均设有"教育与公共管理委员会"。除立法外，两院还可通过多种方式对教育行政进行管理和监督，如审议由政府提交的政府财政预算的教育经费，对教育部部长、副部长和助理部长的任命以及就教育问题举行听证会等。最高法院及其下设法院可通过对有关教育事务案件的审理，履行对教育行政的司法管辖职能。政府主要通过下设的教育部等部门负责全国教育的行政管理工作。

第一节　中央教育行政

一、教育行政架构

　　利比里亚是非洲最早建立中央教育行政管理机构的国家之一。利比里亚1912年通过义务教育法，建立中央教育制度；1956年，通过1956年教育法，设立归口管理教育行政工作的教育部，并一直延续至今；1989 年，建立半自治的国家高等教育委员会，负责协助教育部对高等教育进行行政管理。

2003 年内战结束后，利比里亚政府采取一系列措施改革国家的治理体系。改革目标是提高教育部门的领导能力，制定负责和透明的治理计划，加强州和学区教育管理部门的建设，并向它们下放一定的教育管理权限。

现行 2011 年教育改革法将教育部的主要职责定位为监督管理国家教育体系和实施教育改革法。[1] 教育部的具体职责主要有以下方面：确保向所有公民和居民提供优质教育；发展并维护教育体系，使所有学生不分性别、种族、宗教以及社会和经济地位都能接受教育；有效改善教育的管理和服务；协调由政府、私营部门和宗教机构兴办和管理的学校、教育机构与项目，确保教育体系的统一，减轻公民与居民的教育费用负担；确保各级教育部门履行职责和增加透明度；与相关政府部门协调，编制利比里亚地方语言与文化课程，并将其纳入统一的教育课程系统；制定和实施全国统一的教学和行政标准；与青年和体育部协调，制定并实施体育方案，使全国学生拥有健康的心智和身体；制定各阶段教科书的编撰、印制与分发的指导方针；制定各阶段教育教师的培训课程；制定和推广公立学校建筑建设及配套用具标准模式；建设公共图书馆、公立学校图书馆和体育场馆，促进师生的学习和课外活动；对教师、学校行政管理人员和教职员工的资格进行认证，并颁发资格证书和聘书。[2]

2018 组建的利比里亚政府共设有 18 个部和 15 个职能局与委员会。除教育部统一归口管理整个教育系统外，还有一些部门在其分管的业务范围参与教育行政管理工作：财政和发展规划部，内政部，公共工程部，卫生部，劳工部，青年和体育部，性别发展、儿童和社会福利部，总务局，公务员管理局等。教育行业的自治协会、非政府组织和向利比里亚提供教育

---

[1] 资料来源于利比里亚教育部官网。

[2] 资料来源于利比里亚教育部官网。

援助的国际机构与双边援助国等在教育行政方面具有一定的建言献策和监督权力。

二、教育部的组织架构

教育部为自己设定的使命是为利比里亚人民提供高质量的教育，培养有能力承担国家建设任务、保护国家遗产和促进社会经济增长及发展的人才。[1]

（一）教育部部长

教育部由总统提名并经参议院听证通过的教育部部长领导，主要职责是对所有公立、私立和宗教机构等兴办的学前教育、基础教育、中等教育和职业教育机构进行全面监督；评估基础教育学校、高中和其他教育机构的现状和国家教育总体情况，采取措施改正发现的问题；负责全国教育指南、政策、规章制度、计划和项目的制定与实施，以及上述学校的规范与管理工作；建立和监督国家人力资源需要的国家奖学金项目。

（二）教育部下设机构与主要职能

教育部下设行政局，教学局，规划、研究与发展局。每个局由一名总统提名并经参议院听证确认的副部长领导。每个局下设若干业务司，每个司由一名总统提名并经参议院听证确认的助理部长领导。除上述三个职能局外，教育部还设有国家教育顾问委员会、法律顾问办公室、内部审计师

---

[1] 资料来源于利比里亚教育部官网。

办公室、奖学金处、专业教育中心、西非考试委员会利比里亚分会、全国成人教育委员会等机构。

1. 行政局

行政局负责财政、人力资源、物资采购、安全、办公设施建设，对学校扩建与维护的监管，以及教育部的总务工作。主管行政的副部长担任首席副部长，在部长无法履职时代行部长职务，直到新任命的部长上任为止。

行政局下设两个司：财政事务和人力资源开发司，行政总务司。财政事务和人力资源开发司的主要职能是管理教育部的预算、财务和人力资源。在主管副部长无法履职时由主管该司的助理部长代行副部长职责，直到新任命的副部长就职为止。行政总务司的主要职责是负责采购供教育部和教育系统使用的物资及物流；监督、协调和指导各级教育机构教科书和课程所需的消耗品分配；管理公立学校的建设、翻新和扩建活动，确保包括建筑物、学校和其他教育部设施的安全；为教育部及其附属机构与学校印刷和出版教学与学习资料。

2. 教学局

教学局负责除高等教育院校外的所有教育机构教学计划的开发和监管；确保教育改革法规定的教学标准被所有学校和教育机构遵守；制定和实施学前教育、基础和高中教育、教师培训以及利比里亚语言、文化、习俗等课程；与青年和体育部合作制定并实施职业教育的教学和总体发展方案；确保各级教育机构的教材内容和教学方法符合政策和标准；领导各州教育系统，确保全国教育系统落实国家教育计划并与教育部所设计的课程保持一致。

教学局下设五个业务司：学前教育司，基础与高中教育司，师范教育司，科学、技术、职业和特殊教育司，学生与职员服务司。

学前教育司的主要职责为设计、制定、实施、协调、监督和审查所有学前教育项目，使其符合教育部制定的学前教育目标，颁发学前教育项目许可证；确保对学前教育的内容、方法和学校管理进行有效监测和审查；促进学前教育机构的发展。

基础与高中教育司的主要职能是设计、提供、监督和审查小学、中学和成人教育方案，使其符合教育部规定的标准和目标；监测和审查国家基础教育项目的内容、方法和学校管理；根据不断变化的社会需要，制定、设计和实施所有基础教育和高中教育计划和政策；确保教育计划满足经济与社会发展对学术和职业技能的要求，使毕业生能够以适当的学术水平和职业技能进入高等教育院校深造或进入劳动力市场就业；向符合办学条件的教育机构颁发开办基础和高中教育项目的许可证。

师范教育司的主要职能为设计、制定和执行各级教师职前和在职培训的政策、指导方针、计划和方案；制定师范教育项目预算、人员和设施的指导方针；招聘教师培训机构人员，确保教师培训机构的顺利运行和培训质量；确保及时向教师培训机构提供所选定的教材和制定教师培训机构管理政策。

科学、技术、职业和特殊教育司的主要职能为设计、制定、实施对职业教育的管理、资助和监督；确保相关项目能为国家培养所需要的中等水平专业人才；制定促进科学、数学、技术和职业教育部门间联动与运行的政策与指导方针。

学生与职员服务司的主要职能为设计能够提高学生在学校表现的活动，监督学校的指导和咨询项目；确保体育和健康课程的教学，鼓励学生参加体育运动及其他课外活动；确保卫生教育课程的教学，向学校所在社区提供良好的卫生设施；制定和管理学生参加国家服务计划，落实中学毕业生毕业前在假期参加国家服务计划，颁发证书，确保国家服务成为获得政府全职工作的先决条件。

3．规划、研究和发展局

规划、研究和发展局的主要职能是：设计、制定、管理、协调审查和更新国家教育计划，确保计划符合国家发展的优先目标；推进由政府或发展伙伴资助的所有公立、私立和宗教机构兴办的教育设施的计划、设计和建设；促进教育统计数据等教育管理信息系统的发展和实施；与教学局协调，制定、审查、修订、测试和更新全国各阶段教育机构的课程，提出为学校编写、印刷和分发教科书的建议；编制教育部年度报告和预算；负责学校和其他教育设施的建设、改造和扩建的监督工作。

4．国家教育顾问委员会

国家教育顾问委员会是教育部部长的顾问与咨询机构。该委员会委员由教育部部长征得总统同意后任命，任期三年，可连任一届。该委员会由下列人士组成：从 15 个州学校委员会挑选 5 个州的各 1 名成员，以确保各州学校委员会均有机会轮流担任委员；蒙罗维亚联合学校系统理事会主席；利比里亚全国校长委员会主席；利比里亚全国教师协会主席；利比里亚全国家长教师协会主席；1 名总统指定的知名教育家；利比里亚大学协会执行秘书；全国工会联合会的 1 名代表；利比里亚全国学生会主席；全国公务员协会的 1 名代表；全国商会的 1 名代表；全国私立学校经营者协会的 1 名代表；西非考试委员会利比里亚分会的会长；技术与职业教育与培训学院的 1 名代表。

该委员会的主要职能是在设计、制定国家教育政策和项目时促进国民参与；确保全国性教育政策吸纳地方和公立、私立与宗教教育机构的意见和建议；推动全国社会各界就教育方向、范围特别是机会、质量及其与就业的相关性、各级学校的标准、费用和资金筹措等关键问题达成共识。

5．法律顾问办公室

法律顾问办公室由部长任命的一名有执照的法律顾问领导。该办公室领导的主要职责是：承担教育部及辅助机构所需的所有法律工作，包括向部长、副部长、助理部长和各业务局提供法律意见，与司法部和教育部聘请的律师联合处理教育部牵涉的诉讼；在教育部起草法律、法规时，确保这些法律、法规符合宪法并与其他法律相一致；确保教育部的有关机构了解与教育部的职能和活动有关的法律；就包括教育部部长办公室在内的教育部活动向部长提供年度报告。

6．内部审计师办公室

内部审计师办公室由教育部部长任命的持有证书的会计师领导。该办公室领导的主要职责是：协助编制和更新教育部的财务记录，担任所有财务记录的首席审核员，确保教育部财务交易和记录的准确性与透明度；对教育部的所有财务、交易和记录进行定期和现场审计；向教育部部长提交审计报告和建议；协助编制教育部预算。

7．奖学金处

奖学金处的处长由部长任命。该部门领导的主要职责是：协调教育部的奖学金项目；在有关国家和教育部的需求事项上与教育部内的各局协商，确保奖学金项目满足这些需求。

8．专业教育中心

专业教育中心由部长提名并经总统同意的一位主任领导。每个专业教育中心均设立课程发展与研究中心、教育管理中心、教育认证和鉴定中心。

课程发展与研究中心的主要职能包括：为学前至高中阶段教育的所有学校、职业技术教育和特殊教育的教学项目制定课程；协助制定所有教师教育与培训项目的课程；促进教材及其他阅读和教学材料的开发研究；制定利比里亚历史文化学习研究项目的政策、指导方针和课程，落实教授民族语言、人权、公民身份、卫生、农业等教育内容。

教育管理中心的主要职能包括：制定培训项目标准；从技术上向教育系统的管理提供帮助，以使公众便于获取教育信息；制定促进高质量教育学习环境的计划和政策。

教育认证和鉴定中心的主要职能包括：制定开办教育机构和授予教师资格证书的最低要求；组织对教职员工表现的鉴定和评估；评价学校教学和培训的质量，确保提高教学与学习效果，促进素质教育。

9．西非考试委员会利比里亚分会

西非考试委员会利比里亚分会负责管理初中和高中毕业生的毕业考试。

10．全国成人教育委员会

全国成人教育委员会成员由部长任命，任期四年。该委员会的组成人员为利比里亚大学继续教育系主任、利比里亚非政府组织协会的负责人或指定代表、国家高等教育委员会主席、各州教育官和教育部长任命的担任委员会秘书的代表。主要职能为制定和实施成人与非正规教育计划及管理政策。[1]

（三）教育行业发展委员会

因经济发展水平较低和能用于教育的财政预算有限，利比里亚政府将争取国际机构、双边援助国、国内外慈善基金和非政府组织的援助作为恢复和发展教育的重要举措。为争取国际机构、双边援助国、国内外慈善基金和非政府组织对利比里亚教育优先事项的支持、听取上述国家与机构的意见建议并接受它们的监督，教育部于 2009 年组成了由教育部、驻利国际机构、双边援助国、国内外慈善机构和非政府组织代表组成的教育行业发展委员会，以向援助伙伴通报利比里亚教育信息、发展计划与项目和有关教育的活动，听取意见建议，争取资金和技术支持，以及协调由外部援助资金支持的教育计划、项目和活动等。

委员会的功能随着时间的推移不断完善和加强，已发展成为教育部与援助伙伴间的重要论坛。每月一次的委员会会议成为教育行业的利益相关者、发展伙伴、慈善基金、非政府组织和民间组织在教育计划、项目和活动实施方面进行协调、沟通和共享信息的有效平台。委员会还通过设立特设委员会、网络和技术工作组等方式协调落实相关教育援助项目。[2]

三、国家高等教育委员会

根据 1989 年通过的关于建立国家高等教育委员会的法案，利比里亚政

---

[1] 资料来源于利比里亚教育部官网。
[2] 资料来源于世界银行官网。

府于 2000 年建立了国家高等教育委员会。该委员会的主要职责为制定指导高等教育的方针政策，并充当高等教育院校与政府之间的主要联络人；监督、评估和认证所有高等教育机构及其学位授予资格；基于国家发展需要，批准对现有和新设高等教育院校和项目的资助；评估高等院校现有的项目，以建立基于国家需要的新的优先研究和教育项目。

为促进高等教育的研究和发展，该委员会还拥有以下职权：制定创办高等院校的认证和运营标准；与现有高等院校合作，制定建立高等院校和新设专业的政策方针；就教育部向高等院校颁发授予学位的许可证提出建议，支持高等院校制定和实施促进国家发展的专业和培训项目；促进高等教育机构之间的联系，以更有效地分享经验、设备和专业知识，并鼓励高等教育机构加强与国际高等教育机构的交流和联系，以增进交流互鉴；与政府部门、宗教机构和私营企业合作，指导高等院校根据国家人力资源需求设立和引导学生选学相关专业；制定高等院校教师资格、教学、授予学位和行政管理等方面的专业标准；与高等院校合作制定管理科学研究的行为准则，确保所有科学研究符合保护版权和知识完整性的国际标准与规划，鼓励以国家发展议程为重点的研究，收集和存储高等院校专业数据，以供研究人员和公众查询和利用。

该委员会在教育部支持下负责对高等教育院校的许可和认证。虽然认证是自愿的，但所有公立高等院校都必须获得认证；未经认证的私立和宗教高等教育院校不能获得政府补贴，就读未经认证的高等院校的学生也没有资格获得政府奖学金或任何其他形式的政府财政援助。

该委员会主任由总统任命，并直接向教育部部长汇报工作。委员会下设质量保证与合规局，财务局，规划、研究与发展局，秘书处。局长分别由一名副主任担任，秘书处主任由委员会主任兼任。

该委员会成立不久就因内战停止运作。内战后，该委员会得以重建并开展了一系列工作。例如，对高等院校教职员工和学生进行普查，制定创办高等教育院校的最低标准等，并于 2012 年 11 月制定了《高等教育战略计划》，为高等教育的投资、运营规划和优先事项等提供了指导方针。

2019 年 8 月，该委员会出台了在利比里亚开展高等教育和培训的许可政策，以遏制不符合教育法要求的大学和学院的无序增长。2021 年 4 月至 6 月，该委员会与英国国际学校、学院和大学认证机构以及美国纽约的国际认证协会等签署谅解备忘录，以加强相互认证，改善利比里亚的高等教育质量。[1]

第二节 地方教育行政

利比里亚全国行政区划为 15 个州，州设州委员会和州长，州长由总统任命；州下设行政区，全国共有 136 个行政区，行政区设区顾问委员会和区长；区下设酋长领地和书记员；酋长领地下设宗族领地和书记员；宗族领地下设市镇，市设市长，镇设书记员。除少数地方政府可从转让矿产和自然资源开采特许权获得一定比例的收入外，多数地方政府没有独立的收入来源，完全依赖中央政府的财政拨款，从资金上支持教育的能力十分有限。

为改变长期以来中央集权的教育管理模式，方便对全国各地教育机构的管理、监督和调动地方对教育事业关心与支持的积极性，利比里亚于 2012 年在各州设立了州教育委员会和教育办公室，学区教育委员会和教育办公室，以加强对地方学校的监督和管理。州和学区教育委员会与教育办公室主要负责管理幼儿园至高中阶段，包括这些学校开办的成人和职业教育课程与项目的管理；高等教育的管理工作则主要由国家高等教育委员会

---

[1] 资料来源于利比里亚国家高等教育委员会官网。

负责。利比里亚的学区并非按行政区划分，而是由教育部与内政部和国家统计与地理信息服务研究所协商确定。截至 2020 年，全国共设有 124 个学区。[1]

一、州教育行政

作为政府改革的一部分，教育改革法规定在各州建立联合学校系统和学校委员会与教育办公室，下设学区教育委员会和教育办公室。

（一）州教育委员会

州教育委员会的主要职责是促进、监测和监督本州学校系统中所有学校的运营，包括确定聘用合格的教职员工、编制本州教育机构年度预算和向教育部报告本州教育方面的信息等。州教育委员会成员最低不少于七人，最多不超过本州的学区数量。委员会组成及委员任职标准如下：必须是本州居民，并具备能为本州学校系统运作带来价值和利益的知识与经验；委员会的组成应反映州内各学区的性别平衡；被法院认定曾犯重罪的人、非利比里亚公民、国民议会议员或其他民选与总统任命官员不得担任教育委员会委员。委员会应推选主席和副主席各一名，州教育办公室教育官为委员会成员并担任委员会秘书。主席无法履职时由副主席代行主席职责。委员任期四年，可连任一届。

州教育委员会的主要职责如下：根据教育部颁布的指导方针、政策和规定，推动、监测和监督州内所有学校的管理，贯彻落实中央教育计划；

---

[1] 资料来源于利比里亚教育部官网。

指导教育官管理本州学校系统的日常工作；负责本州范围内的所有教育活动，为本州教育机构及公立和社区学校聘用或提名聘用合格的教职员工，并报教育部部长批准或确认；编制并向教育部提交州内学校运营的预算和年度报告。[1]

（二）州教育办公室

各州在州政府所在地设立教育办公室，办公室由一名首席教育官领导，检查与评估官、计划官、人事分析师、会计和采购官各一名。首席教育官人选在竞争性招聘基础上由州教育委员会提名并经教育部部长任命，任期四年，可连任一届。最低任职资格标准为拥有教育学硕士学位，从事教育工作时间不少于二年，其中一年可以是中学校长，或曾任公立、宗教与私立教育机构的教育项目主任；或拥有教育学学士学位，但从事教育工作至少五年，其中一年应担任学区教育官或私立和宗教教育机构的相应职务，二年应担任高中校长或教育计划和项目主任。[2]

首席教育官的主要职责包括：作为教育部的代表，负责全州教育系统人员、教育项目的运行和对区教育官的监督；编制涵盖州教育办公室和学校系统运作的预算，经州教育委员会批准后报教育部批准并纳入教育部年度预算，监督学校拨款的使用，帮助解决本州在学习材料分发和教育机构基础设施建设方面遇到的困难和问题；通过学区教育官监督教育政策、法规、决定、计划和发展项目在本州各教育机构的实施；向州教育委员会建议教师的雇用、解聘、调动和纪律惩戒；向学校校长和教师提供支持；处理学校的行政违规和刑事犯罪案件，必要时要求当地执法机构介入；向教育部提交季度和年度报告或特别报告，并附上学区教育办公室的月度和年

---

[1] 资料来源于利比里亚教育部官网。

[2] 资料来源于利比里亚教育部官网。

度报告摘要；确保符合条件的私立和宗教学校获得注册并对其进行有效监督，向其传达教育政策、决定和发展与培训计划。[1]

二、学区教育行政

（一）学区教育委员会

学区学校委员会的职责、委员任职资格、任期及职能与州教育委员会基本相同。学区教育委员会负责管理本学区所有学校并向州教育委员会报告工作。

（二）学区教育办公室

学区办公室由一名教育官领导，该官员由州学校委员会在征求教育部部长同意的基础上根据教育部所制定的规则和任职资格任命，任期四年，可连任一届。主要职责如下：向州教育官和州教育委员会提交学区教育办公室正常运作所需职员清单，以及包括人员、办公用品、办公家具、固定设施和设备等在内的预算需求；在州教育办公室和州教育委员会指导下，监督本学区内所有公立、私立和宗教学校对国家教育政策、法规、决定、计划和发展项目的执行；定期向州教育官和州教育委员会提交季度、年度或特别报告，并附上学区内所有学校的月度和年度运营报告摘要，其年度报告将被纳入州教育办公室的年度报告；向所在学区的私立和宗教学校传达国家的教育政策、决定和发展与培训计划；负责教职员工《行为守则》

---

[1] 资料来源于利比里亚教育部官网。

的贯彻落实；监测和报告学区内教育部门的违规、渎职和犯罪行为，包括对性暴力、职业不当行为和盗窃的指控等。[1]

三、辅助管理机构

（一）家长教师协会的辅助作用

家长教师协会是由学生家长和学校教师组成的民间组织。协会的宗旨是增进学生的安全健康和教育，是家长和教师一起共同探讨更好培养受过良好教育、具有合作意识和表现良好的学生的平台。学生家长可在帮助学校实现其教学目标、帮助学校筹集管理和活动资金、让社区了解学校对社区的重要性和帮助学校与社区建立更和谐关系、向教师提供家长关于改进学习和道德标准的意见与建议、帮助校长和教职员工教育学生遵守学校纪律等方面发挥重要作用。

2006 年以来，利比里亚教育部将建立家长教师协会并为其设立有效的运作机制作为优先事项之一。在教育部推动下，绝大多数中小学建立了家长教师协会。2015 年，教育部使用家长教师协会运作手册对 2 026 所中小学的家长教师协会成员进行了培训，内容包括促进女性教育、防止性暴力、教职员工行为守则、学校喂养计划、社会心理支持和心理急救等，以使家长教师协会真正发挥促进学校各项工作的作用。在教育部和非政府组织推动下，家长和社区参与学校教育活动的程度持续增强。调查数据显示，截至 2015 年，93% 的小学家长教师协会正常运行，较前几年稳步增长。在这些学校中，71% 的家长教师协会每年开会四次或四次以上。[2]

---

[1] 资料来源于利比里亚教育部官网。

[2] 资料来源于利比里亚教育部官网。

此外，利比里亚全国教师协会、私立学校经营者协会、宗教组织等也在支持和监督利比里亚的教育行政方面发挥着一定作用。

（二）利比里亚大学协会

2006 年 8 月，利比里亚的 4 所高等院校成立了利比里亚大学协会。协会为非政府、非政治和非营利组织。2017 年 1 月，协会将其会员资格扩展为所有四年制的社区和初级学院。协会宗旨是保持利比里亚所有大学和学院的学术标准和质量，促进学生、教师和成员大学之间的合作、咨询，以及教师、学生和行政管理人员之间的交流等。2017 年 8 月，利比里亚大学协会与加纳科技大学学院和印度的 M.S. 拉迈亚应用科技大学签署备忘录，拟合作在利比里亚设立培训工程与技术、药学、牙科、管理与商业、科学与人文学科、艺术与设计、酒店管理与餐饮技术学科的博士学位项目。[1]

第三节 挑战和对策

一、面临的挑战

利比里亚教育部门虽然在扩大全国适龄儿童、青少年和成年人接受教育的机会方面取得一定成效，但各阶段教育学校数量和入学人数的迅速增长也超出了利比里亚中央和地方教育管理部门所拥有的资金、人力资源及

---

[1] 资料来源于利比里亚大学协会官网。

管理、监测和向学校提供服务的能力。从中央到地方的各级教育机构的行政管理能力均面临一定挑战。

（一）教育资金不足，资本开支严重依赖外援

利比里亚教育资金来源多样，既有政府拨款和学生付费，又有发展伙伴、慈善基金援助和在利比里亚开发自然资源的特许公司交纳的教育发展费等。为恢复和发展教育，2009—2015 年，公共教育支出增加了 80%，但教育开支在政府预算中的平均占比仅约为 12%。2014—2015 财年，教育预算在财政预算中的占比下降为 10.59%。2015—2016 财年，教育预算一度增加到财政预算的 13.46%，但仍远低于根据全球教育伙伴关系组织标准制定的《2010—2020 年教育部门计划》提出的教育预算占国家财政预算 20% 的目标（见表 11.1）。2012—2013 财年至 2015—2016 财年，利比里亚的教育预算平均约为 7 396.2 万美元，约占国内生产总值的 3.83%，与其他撒哈拉以南非洲国家相比也处于较低水平。

表 11.1 2010—2011 财年至 2015—2016 财年利比里亚教育开支 [1]

类别	2010—2011 财年	2012—2013 财年	2013—2014 财年	2014—2015 财年	2015—2016 财年
教育预算	53 005 030	76 928 436	70 942 476	64 156 410	83 822 000
总预算	408 380 000	672 050 000	582 931 413	605 900 000	622 740 000
教育预算占比	12.98%	11.45%	12.17%	10.59%	13.46%

[1] 资料来源于世界银行官网。

续表

类别	2010—2011 财年	2012—2013 财年	2013—2014 财年	2014—2015 财年	2015—2016 财年
GDP（百万美元）	15.4	17.46	19.62	20.01	20.02
占GDP比重	3.44%	4.41%	3.62%	3.19%	4.15%

　　虽然教育部根据 2011 年教育改革法开启机构改革进程并希望政府加大对教育的投入，但教育部每年提出的预算资金能被财政部列入预算的不到 50%，导致其所制定的优先发展事项、战略计划和运营费用等资金严重短缺。例如，2012—2013 财年教育部提出了 9 320 万美元的预算要求，但财政部仅同意拨款 3 870 万美元。2012—2013 财年和 2014—2015 财年，教育部员工的薪酬就分别占到整个教育支出的 87% 和 94%。虽然 2015—2016 财年的教育预算有所增加，但教职员工的薪酬仍然占到教育预算的 80%（见表 11.2）。

表 11.2　2012—2013 财年至 2015—2016 财年利比里亚教育部预算与开支 [1]

开支	2012—2013 财年			2013—2014 财年		
	预算	实际支出	占比	预算	实际支出	占比
雇员薪酬	41 315 437	41 211 270	87%	34 341 519	34 303 981	86%
资本消耗	650 250	181 684	0%	–	–	0%
补贴	2 597 069	2 463 698	5%	3 636 698	2 403 252	6%
资本开支	0	0	0%	–	–	0%

---

[1] 资料来源于利比里亚教育部官网。

开支	2012—2013 财年			2013—2014 财年		
	预算	实际支出	占比	预算	实际支出	占比
不明开支	16 802	-	0%	-	-	0%
总计	48 616 958	-	100%	41 278 552	39 754 665	100%
占教育预算比	62%	67%	-	56%	56%	-

开支	2014—2015 财年			2015—2016 财年	
	预算	实际支出	占比	年度拨款	占比
雇员薪酬	34 950 977	34 894 426	94%	34 909 000	80%
商品与服务	1 578 518	1 006 812	3%	5 264 433	12%
资本消耗	236 250	236 249	1%	736 250	2%
补贴	1 160 551	1 153 582	3%	2 622 801	6%
资本开支	0	0	0%	0	0%
未明确	0	0	0%	0	0%
总计	37 926 297	37 291 069	100%	43 532 484	100%
占教育预算比	57%	55%	-	52%	-

因国内资金十分有限，教育行业的恢复和发展，特别是资本开支主要依赖外部援助。自 2003 年内战结束以来，国际和双边发展伙伴的援助在补充利比里亚教育部门资金不足方面一直发挥着重要作用。在利比里亚执行其《2010—2020 年教育行业计划》过程中，外援在落实该计划所提出的教师工资表审核、向州和学区教育部门下放权力、学校基础设施建设以及职业教育等规划和项目上均发挥了重要作用。

虽然外部援助的教育资金数量每年都有差异，但部分统计数据显示，2011—2012 学年至 2013—2014 学年，外部援助资金平均约占利比里亚教育支出的 30%—50%。其中，2012—2013 学年，国际机构和双边援助国对利比里亚教育部门的捐款为 6 092 万美元，相当于当年利比里亚教育总支出的 43.8%。2013—2014 学年至 2015—2016 学年，利比里亚政府对教育基础设施的投资在教育预算中的占比仅为 0%—2.4%。2016—2017 财年，教育部的预算中根本就没有要求为资本支出提供任何资金。相比之下，欧盟在其 2014 年利比里亚援助项目下对教育基础设施的援助接近 400 万欧元，全球教育伙伴关系组织为支持利比里亚《2017—2021 年教育行业计划》出资 1 700 多万美元建造了 300 多间教室。2019 年 7 月，世界银行执行董事会批准了国际发展协会向利比里亚提供 4 700 万美元赠款用于资助为期 3 年"改善利比里亚中学教育效果项目"。[1]

因多数多边和双边发展援助项目和资金都在利比里亚财政预算外提供，直接向援助方指定或招标确定的国际和利比里亚非政府组织等执行机构转移支付，再加上利比里亚缺少跟踪研究教育行业外援的统计机制，利比里亚教育行业每年得到的实际外援金额往往难以精确统计。

（二）教育管理部门行政能力不足

利比里亚的教育行政管理体系主要分为教育部、州与学区教育办公室和学校校长三个层次。总体看，资金、资源和能力不足严重制约教育行政部门与人员的管理能力。

首先，从教育部层面看，因资金短缺、自然环境恶劣、交通和通信基础设施差等原因，教育部各主管部门人员与基层之间的沟通与联系非常有限，既难以真正了解下级单位的详细情况，也缺少对他们的指导、监督与支持。

其次，从地方行政管理层面看，州与学区教育委员会和教育办公室本来应该在支持学校校长加强学校管理、提高教学质量和向学校提供技术咨询

---

[1] 资料来源于世界银行官网。

和监督服务方面发挥重要作用，但大多数相关人员均未受到相应的专业培训，教育部也未制定相应培训计划或指南与方法。[1]

最后，从校长层面看，因从教育部和州与学区教育办公室获得的支持有限，多数学校的校长缺少履行行政领导职能所需的资源。一些校长既需要聚焦行政工作，还要因教师不足而兼任教师的授课工作。校长需通过学区教育办公室与州教育办公室和教育部保持联系，但学区教育官因受交通或其他因素限制，每学期到学校来的次数非常有限。

2008年以来，利比里亚的多个教育行业计划和分析研究报告均强调许多校长准备不足，缺乏监督管理教师的必要资格和能力，应加强对校长的培训和支持，以便他们有效行使监督教学和支持学校教师的职责。比如，《2010—2020年教育行业计划》和《2014—2016年教育运营计划》都将学校校长的专业发展列为优先事项；但因资源不足，从2011年到2015年，教育部仅对部分学校校长进行了一些短期的专业培训。

（三）教育管理信息系统的能力有待提高

随着信息化时代的到来，获取准确的教育行业数据对于掌握全国教育行业的总体情况，制定教育预算、规划和政策，改善教育基础设施，分配教育人力和资源，增强对学校、教职员工与学生的监测和提高教育部门的行政管理能力与水平等至关重要。在国际机构帮助下，利比里亚教育部于2006年建立了教育管理信息系统，并开始采集学校、学生和教职员工数量，学校建筑状况和教科书等方面的信息。

因该系统仅系教育部下设的一个三级处室机构，收集信息的能力、覆盖范围和准确度都有待提高。该系统主要靠学区教育办公室和州教育办公

---

[1] 资料来源于联合国教科文组织官网。

室向教育部提供的报告和向学校发放信息采集问卷等方式获取信息。但各级之间联系并不通畅，且大多缺少经过培训的专业信息采集与报送人员；再加上私立和宗教机构所办学校、多数职业教育院校和高等院校等不归教育部直接管辖，而拥有较高的自主权，且存在为争取更多补贴虚报相关数据的问题，导致教育管理信息系统的数据准确性难以得到保障。[1]

高等教育的信息归国家高等教育委员会采集。尽管收集所有高等教育院校的相关信息和建立高等教育机构数据库是国家高等教育委员会的年度工作之一，但国家高等教育委员会的人力和财力都十分有限。直到 2021 年 4 月，委员会才启动建立高等教育信息管理系统的工作，以让学生和公众查看高等教育院校的执照和认证证书、高等院校教师所持有的学位信息，分辨相关高等院校的真伪和教师的素质。

因为上述原因，欧盟和世界银行均在关于利比里亚教育的研究报告中对教育管理信息系统加以质疑，并提出了改进建议。世界银行在引用相关统计数据时，明确注明数据的准确性存在疑问，只能作为参考。[2]

二、应对策略

（一）多措并举，努力增加对教育的投资

维阿政府于 2018 年制定 2018—2023 年《繁荣与发展亲贫议程》，也将教育作为"赋权人民"发展支柱的重要内容；在历次国情咨文和教育活动中，维阿均宣布将设法增加对教育的投入。利比里亚教育部在其制定的历次教育行业发展计划中均提出了将教育预算提高到占国家财政预算 20% 的

---

[1] 资料来源于利比里亚教育部官网。
[2] 资料来源于世界银行官网。

目标。

在提高预算的同时，政府将改革教育预算资金拨付方式，逐步减少未规定用途的对教育机构的转移支付和补贴，将有限的资金更多地用于教育优先发展项目和事项，特别是存在较大短板的科学、技术、教育和数学等专业的发展。

政府也将争取更多私营企业和宗教机构向利比里亚各阶段教育投资，支持高等院校利用自身科研优势创办企业集团，逐步提高教育机构自力更生筹集发展教育资金的能力。同时加强与各国际机构等援助伙伴的沟通协调，力争将更多教育援助资金和项目纳入教育优先发展领域和项目。

（二）增强教育行政机构能力

改善教育部门的治理、规划和管理，增强各级教育机构的责任意识和领导能力是确保建立为适龄儿童、青少年和成年人提供高质量教育与培训机会的教育系统的重要保障。

政府将继续理顺中央教育行政管理机构权限，增强教育行政机构的统筹协调能力。利比里亚教育部、国家高等教育委员会和立法机构等先后提出了改革和理顺教育行政机构管理权限的建议，主要包括修订和制定关于国家高等教育和职业教育的法律，提升国家高等教育委员会的权限；建立类似于国家高等教育委员会的全国职业教育委员会，将现在由教育部、青年和体育部等部委管理的职业教育权限与资源交给该委员会，以统筹全国职业教育系统；将国家高等教育委员会升格为高等与技术教育部，整合由教育部、国家高等教育委员会、青年和体育部等部委分管的高等教育和高等职业教育，赋予其统筹协调全国高等教育和职业教育资源，加强对高等教育和职业教育机构监管的职能，让教育部集中精力办好从幼儿园到高中阶段的教育。

　　同时，政府将加强地方教育行政机构和学校的管理能力。进一步明确教育部与地方教育机构在教育行政管理、监测和监督方面的职责；在增加对州和学区教育委员会与教育办公室的资金和物资支持的同时，加强对项目工作人员的指导、监督和问责；加大对地方教育行政机构和校长的职前与在职培训力度；研究制定评估学校行政管理和教学质量的标准，建立教学质量督促、检查与保障机制；扩大对家长教师协会和学校管理委员会成员的培训，提高和调动相关成员帮助校长更好治理学校和提高教学质量的能力与积极性。

（三）提升教育管理信息系统的数据采集和分析能力

　　收集准确的教育信息数据对教育行政机构更好地分析教育系统现状和预测未来发展趋势，制定教育发展规划和政策，确定优先发展目标，有针对性地加强对教育系统的管理和提升教育质量等具有重要作用。教育部主要拟采取多项措施加强教育管理信息系统的能力建设，例如，学习借鉴非盟教育管理信息系统和西共体通过的教育管理信息系统规范与标准，积极参加两大区域机构在教育管理信息系统方面的交流合作等。

第十二章 国际教育交流与合作

利比里亚曾经历长达 20 多年的政治动乱和两次内战破坏，经济和社会发展水平处于世界最不发达国家之列，整个教育行业不仅在政治动乱和内战中受到严重破坏，政府也缺少足够的财力投入以支持教育行业的恢复和发展。因而，利比里亚历届政府均将争取国际、区域、双边援助国、国内外慈善机构和非政府组织对教育的援助作为恢复和发展教育的重要举措。

第一节 与联合国及其组织的教育合作

利比里亚于 1945 年 11 月 2 日加入联合国，是非洲国家中加入联合国最早的国家之一，同时也是《世界人权宣言》《儿童权利公约》、"人人都有受教育权利"目标、《消除对妇女一切形式歧视公约》和联合国第四届妇女大会《北京宣言》与后续《行动纲领》等联合国关于保护公民、儿童与女性受教育权利的国际协议与文件的签字国。为实现相关协议和文件关于教育发展的目标，利比里亚政府一直积极参与联合国相关机构的教育合作，特别是争取它们的支持与援助。截至 2022 年，联合国系统共有 18 家机构、基金和计划在利比里亚设有代表处。其中，与利比里亚开展教育合作最多的主要是教科文组织、儿童基金会和世界银行等。

一、与联合国教科文组织的教育合作

利比里亚于 1947 年 6 月 3 日加入联合国教科文组织。自加入教科文组织以来，特别是 2003 年内战结束后，利比里亚政府一直积极争取教科文组织的支持和帮助，与该组织保持着密切的合作关系。

联合国教科文组织与利比里亚的教育合作内容主要包括促进学前教育，改善基础教育，帮助辍学儿童、青少年和成年人获得教育机会，减少成年文盲率，推动女性实现受教育的平等机会和改善教育质量等。为实现上述目标，教科文组织在利比里亚开展了形式多样的教育援助与支持活动：举办各种类型的教育政策研讨会和对话会，对利比里亚面临的各种教育问题进行研究并提出改进意见建议，帮助利比里亚教育部门制定教育政策与发展计划，帮助利比里亚研发教材和建设教育管理信息系统，举办教师与学校行政管理人员培训活动和开展各阶段教育试验项目等。

二、与联合国儿童基金会的教育合作

联合国儿童基金会作为世界上主要的儿童权利倡导机构，主要在利比里亚开展包括教育在内的改善儿童和妇女权益工作，目标是帮助利比里亚政府建立有利于发展的家庭和学校环境，通过提供优质教育使更多儿童与青少年能够用知识和生活技能武装和保护自己，动员政府、媒体和大众的力量改善儿童权利。

儿童基金会在利比里亚教育领域的工作主要涵盖以下几个方面：帮助提供性别平等的优质教育机会；支持改善教育体系和提高学生的学习成果与技能；帮助应对紧急情况和脆弱环境，改善儿童在紧急情况下的学习状况和加强对儿童的保护与服务。在利比里亚制定的《2013—2019 年利比里亚国家计划》中，儿童基金会主要提出了以下目标：确保每个儿童和青少年都有机会接受基础教育和各种基础后教育并提升学习成果，在公平的基础上改善儿童和妇女的健康、营养和福利，提高利比里亚人获得安全用水、公共和个人卫生设施的比率，保护最贫穷和脆弱的儿童和妇女免受各种形式的暴力侵害。[1]

三、与世界银行的教育合作

世界银行作为全球最大的促进世界发展的国际金融机构，同时也是世界最大的教育援助机构。为帮助发展中国家提升教育发展水平，世界银行于2002年与联合国儿童基金会、联合国教科文组织合作伙伴发起了"全民教育快车道倡议"，宗旨是建立施援方与受援国之间的合作伙伴关系，推进受援国实行国家主导的教育发展战略，提高援助的有效性；重点是帮助发展中国家尚未入学的适龄儿童，特别是女童、贫困儿童、农村儿童、少数民族儿童、残疾儿童入学和提高教育机构的教学质量。

为推进全民教育快车道倡议的落实，该组织成立了伙伴催化基金，用于支持发展中国家合作伙伴的教育计划。2011年，世界银行对该倡议进行品牌重塑和结构重组，将其更名为"全球教育伙伴关系组织"，重点关注全球最贫困、最脆弱的儿童和青少年教育。目前，该组织已成为援助发展中国家教育的重要筹资平台和推动国际教育援助合作的重要机制，在促进发展中国家，特别是最不发达国家的全民教育和教育治理方面发挥了重要作用。[2]

---

[1] 资料来源于联合国儿童基金会官网。

[2] 资料来源于世界银行官网。

四、与联合国驻利比里亚机构的教育合作

2019 年 7 月 30 日，联合国驻利比里亚机构制定的《2020—2024 年利比里亚国别计划》获得联合国执行局批准；当年 8 月，联合国驻利机构与利比里亚政府正式签署这一预算总额超过 1.05 亿美元的计划。该计划关于教育的预算为 1 725 万美元，重点是支持利比里亚儿童和青少年，特别是弱势儿童获得具有全纳性、安全和高质量的学习环境，支持适龄儿童入学和完成学前与基础教育，并顺利过渡到高中阶段。主要目标是争取到 2024 年，能够使更多学龄儿童和青少年，特别是弱势儿童和青少年公平地获得高质量的学前教育和基础教育的机会。具体措施包括支持利比里亚教育部增强能力，加大对家庭和社区适龄儿童及时入学的宣传力度，减少失学和超龄儿童入学，提高儿童和青少年的入学率、续学率和结业率等。[1]

第二节　与欧美的教育交流与合作

一、与美国的教育交流与合作

作为美国黑人移民创建的国家，利比里亚一直与美国保持特殊关系，利比里亚的教育体系深受美国全方位影响。2003 年内战结束后，利比里亚将争取美国援助作为重建和发展教育系统的重要任务，美国国际开发署、慈善基金、宗教组织、教育机构等也积极出钱出力帮助利比里亚的教育恢复和发展。在利比里亚重建其教育系统的过程中，开发署提供的援助涵盖

---

[1] 资料来源于联合国官网。

修复和新建教育基础设施、培养教学与管理人员、增强教育机构的能力与透明度、建立和改善教育管理信息系统与政策环境等。主要项目包括修复师范学院，提高儿童的阅读和计算能力，改进职业教育，提升高等教育发展水平等。[1]

自 2009 年起，美国驻利比里亚使馆就开始安排利比里亚高中生通过美国国务院的肯尼迪-卢格青年交换和学习项目赴美国高中生活和学习一个学年。学生作为利比里亚的"青年大使"，通过与寄宿家庭和社区建立持久的关系来促进相互理解并在美国高中学习，参与了解美国社会和价值观的活动，并帮助美国人了解利比里亚的文化。[2] 此外，美国驻利比里亚使馆还通过推荐利比里亚党、政、军、警、大学、宗教机构、非政府组织和各领域具有潜在发展前景的精英赴美攻读学位、讲学、参加研究会和学术交流等活动加强对利比里亚精英阶层的影响。

二、与欧盟的教育交流与合作

利比里亚内战结束后，欧盟积极支持利比里亚包括教育在内的恢复和重建。2006 年瑟利夫政府执政后，欧盟向利比里亚增拨 6 840 万欧元援助，其中 1 200 万欧元用于恢复和重建利比里亚教育系统。2008—2013 年，欧盟在其制定的《欧盟对利比里亚战略文件》框架下，向利比里亚提供 2.238 亿欧元援助，用于恢复基础设施、社会服务和改善政府治理，其中对教育的拨款为 1 000 万欧元。2014—2020 年，欧盟在其与利比里亚政府合作制定的《国家指示性计划》中向利比里亚提供 2.79 亿欧元援款，其中对教育的拨款为 3 200 万欧元，以提高利比里亚基础教育和职业教育质量，促进女

---

[1] 资料来源于美国国际开发署官网。

[2] 资料来源于美国驻利比里亚大使馆官网。

孩、农村人口和残疾人公平获得基础和职业教育的机会，以及加强利比里亚教育行政机构的管理能力。2018年5月3日，欧盟与利比里亚签署费用为2 000万欧元的支持利比里亚职业教育协议。协议的主要内容是支持利比里亚政府培养年轻人获得符合劳动力市场需求的技能和创业精神，参与和促进利比里亚的新经济增长。该协议向蒙罗维亚职业培训中心、布克·华盛顿学院、格林维尔多功能高中、绥德鲁多功能高中和帕尔马斯角高中的5个职业教育机构提供援助，帮助它们获得现代化的培训设施、设备，以增强培训能力。[1]

第三节 与中国的教育交流与合作

教育交流与合作在增进国与国之间的相互了解和友谊，促进经济社会、科技发展与文明互鉴，传播语言与文化知识，提升教育的国际地位和影响力等方面发挥着重要作用。中国政府历来重视积极开展与世界各国的教育交流与合作，在中非合作论坛和"一带一路"倡议框架下建立了促进成员国之间教育交流与合作的机制。随着中国改革开放的深入发展和综合国力的持续增强与教育水平的迅速提高，利比里亚政府和人民更加重视与中国的教育交流与合作。

1977年建交后，中国即开始与利比里亚的文化交流与合作，于1978年与利比里亚签署经济技术合作协定，向利比里亚提供工业、农业等方面的支持。

中利两国于2003年10月复交后，应瑟利夫总统要求，中方决定帮助利比里亚修复和扩大利比里亚国家广播公司。2007年6月28日，中利双方

---

[1] 资料来源于欧盟委员会 Eurydice 数据库。

签署中国援助利比里亚国家广播公司维修及中国国际广播电台落地项目施工合同，修复和扩建后的调频节目通过卫星和地面中继站覆盖了利比里亚全国。

2008 年 11 月 19 日，中国援利国家广播电台项目移交暨中国国际广播电台调频节目落地项目正式移交利方。项目的建成和移交结束了利比里亚没有覆盖全国的广播系统的历史，极大地拓展了利比里亚人民了解国家政策和国内外信息的渠道，有利于利比里亚政府开展远程教育、技术培训，对资讯和交通相对落后的利比里亚经济社会发展具有重大意义，在促进内战结束不久的利比里亚各民族人民之间的交流与团结方面发挥了重要作用。

同时开通的中国国际广播电台调频台，每天在利比里亚播出 15 个小时的英语节目和 3 个小时的普通话节目，内容包括新闻资讯、中国国情、文化娱乐等节目，还有非洲节目主持人为利比里亚听众准备的特别节目，为利比里亚民众直接听到来自勤劳、友好和热爱和平的中国人民的声音以及了解中国的社会和文化提供了方便，进一步增进了中利两国人民之间的相互理解和友谊。参加移交仪式的瑟利夫总统表示，她希望中国国际广播电台的节目在利比里亚的播出能使利比里亚人民更多地了解中国，学习中国的发展经验，推动两国友好伙伴关系进一步发展，使两国成为最重要的合作伙伴。[1]

2012 年 6 月 19 日，时任中国文化部部长蔡武与来华参加中非合作论坛——文化部长论坛的利比里亚新闻、文化和旅游部长刘易斯·布朗签署《中国和利比里亚政府文化合作协定 2013 年至 2016 年执行计划》，执行计划成为中利两国"一带一路"框架下加强文化交流合作的重要指导性文件。[2]

---

[1] 中华人民共和国商务部. 瑟利夫总统出席我援利国家广播电台项目移交暨中国国际广播电台在利开播仪式[EB/OL].（2008-11-20）[2022-04-10]. http://lr.mofcom.gov.cn/article/todayheader/200811/20081105905355.shtml.

[2] 中华人民共和国文化部. 蔡武会见利比里亚新闻、文化和旅游部长布朗一行[EB/OL].（2012-06-20）[2022-04-11]. http://www.gov.cn/gzdt/2012-06/20/content_2166016.htm.

随着中国于 2013 年提出共建"一带一路"倡议以及与沿线国家开展"政策沟通、设施联通、贸易畅通、金融融通和民心相通"五大领域合作的愿景与行动计划的推进，中国与利比里亚的文化交流与合作也成为中利在"一带一路"框架下增强民心相通的重要组成部分。

一、奖学金与赴华培训项目

1977 年 2 月利比里亚与中国建交后，中国即开始与利比里亚开展教育方面的交流合作，自 1981 年起开始向利比里亚提供政府奖学金，招收利比里亚留学生赴华留学。2003 年 10 月 11 日利比里亚过渡政府与中国复交后，中国和利比里亚在教育领域的交流与合作得到全面恢复和发展，向利比里亚提供的赴华留学生奖学金名额逐年增加，特别是中非合作论坛峰会决定大幅增加向非洲国家提供的留学生奖学金数量后，中国中央政府、各部委、省市、高校和企业等向利比里亚提供的留学生奖学名额逐年增多。2022 年 2 月，时任中国驻利比里亚大使任义生指出：中国援利人力资源培训项目是中国为利培养各领域人才的重要品牌项目。中国政府每年向利提供约 50 名左右全额奖学金、数百名短期培训名额以及 100 余个"中国大使奖学金"。截至 2021 年，中国为利比里亚提供了 570 余个中国政府奖学金，1 000 余个短期赴华培训机会。中国大使奖学金项目在利比里亚实施八年以来，资助了近千名当地大学生完成学业。[1]

中非合作论坛将人力资源开发作为扩大中非合作和助力非洲国家经济社会发展的重要行动，在中非合作论坛框架下，中国政府每年均委托中国高等院校等在华举办各种为非洲国家培训急需人才的中短期培训班和赴华

---

[1] 任义生. 推进中利友好互利合作　携手构建中利命运共同体——庆祝中国与利比里亚建交 45 周年 [EB/OL].（2022-02-17）[2023-03-17]. http://www.china.com.cn/opinion2020/2022-02/18/content_78057168.shtml.

研修班。中方每年邀请上百名利比里亚政府官员、专家学者、技术人员、学校管理人员和媒体从业者等赴华参加中短期培训班、研讨会和修学旅行等活动。自 2003 年至 2019 年，已有 2 000 多名利比里亚青年学者、官员、技术人员和各行业专业人士参加中国商务部委托中国高等院校和机构举办的中、短期培训班。

总体上看，中方提供的奖学金和培训项目主要聚焦于农业、基础设施建设、教育、医疗等领域，为利比里亚培养了大批急需的各行业人才。不少人获得硕士学位，还有一些留学生获得博士学位，回国后经过实际工作锻炼成长为部长、副部长、政府部门和公私机构与企业的管理人员，以及教授、讲师、医生和各行业的专家学者等。利比里亚赴华留学生还组建了利比里亚赴华留学生同学会，除开展会员之间的联谊活动外，还努力成为推动两国文化教育交流和深化互利合作关系的纽带，为促进和扩大两国间的了解、双边商贸往来发挥了重要作用。

二、教育基础设施建设合作

利比里亚的教育基础设施在内战中遭受严重破坏，中国不仅派遣维和部队参加联合国利比里亚特派团帮助利比里亚恢复和平与稳定，而且提供援助帮助利比里亚恢复和新建包括教育在内的基础设施。根据利方要求，中国政府先后援建了利比里亚大学芬德尔校区扩建、农村学校和 50 所农村学校的供水设施等项目。

（一）利比里亚大学芬德尔校区扩建项目

利比里亚大学芬德尔校区扩建工程建筑面积 11 万平方米，造价 2 亿元人民币（按当时汇率折合约 2 150 万美元）。项目包括一幢四层的教学和行政大楼，楼内设有一个可容纳 360 名学员的学术交流中心、2 个可容纳 150 人的大教室等。除建筑外，中方还提供了投影仪、计算机、广播系统等仪器设备。项目从 2008 年 4 月开始至 2010 年 6 月竣工，并于 7 月 20 日正式移交利比里亚政府。项目的建成极大地改善了利比里亚大学教职员工和学生的教学和生活条件，为利比里亚高等教育的恢复和发展做出了重要贡献。出席开工和移交仪式的时任利比里亚总统瑟利夫在讲话中感谢中国对利比里亚重建，特别是教育事业的大力支持，称赞该项目是利比里亚教育史上的里程碑项目。[1]

（二）农村学校建设项目

为帮助利比里亚恢复中小学教育和提高入学率，在援助扩建利比里亚大学芬德尔校区的同时，作为 2006 年中非合作论坛宣布的援建非洲国家 100 所学校的一部分，中国政府在利比里亚援建了 3 所农村学校及配套设施，并于 2009 年 5 月 25 日向利比里亚教育部移交分别位于伯米州索恩镇、蒙罗维亚新乔治亚镇和佩斯维尔镇的 3 所学校。时任瑟利夫总统在出席移交仪式时称赞中国政府信守承诺、积极回应利比里亚政府和人民要求，是利比里亚战后重建和经济发展的"最好伙伴之一"，感谢中方技术人员和当地工人的辛勤工作，对学校的施工质量和配套设施表示满意。[2]

---

[1] 中华人民共和国外交部网站. 中国援助利比里亚大学芬德尔校区扩建工程开工 [EB/OL].（2008-06-12）[2022-11-21]. http://www.gov.cn/gzdt/2008-06/12/content_1014500.htm.

[2] 中华人民共和国商务部. 瑟利夫总统出席我援利比里亚三所农村学校移交仪式 [EB/OL].（2009-05-25）[2022-11-22]. http://lr.mofcom.gov.cn/article/jmxw/200905/20090506279704.shtml.

（三）学校供水项目

为帮助部分利比里亚学校解决缺少安全卫生的饮水的问题，中国政府于 2016 年 7 月 1 日与利比里亚政府签署帮助利比里亚 50 所农村学校各打 1 眼机井并提供相关设施的协议。50 眼机井分别位于蒙罗维亚市周边的 8 所学校、邦州的 13 所学校、大各德州的 11 所学校和马里兰州哈珀港附近的 18 所学校。施工人员克服许多农村地区交通不便、疾病多发等困难，按时完成了援助任务。项目及水质分别由利比里亚公共工程部、卫生部检测合格，为帮助解决上述学校的用水困难，确保学生和教职员工的健康做出了积极贡献。[1]

三、利比里亚大学孔子学院

利比里亚大学孔子学院是西非国家建校最早的孔子学院，2008 年 12 月由利比里亚大学和长沙理工大学联合创办。学院设在利比里亚大学国会山校区，除专门的教室和办公室外，还有图书馆等设施。学院由中方院长和利方院长联合管理，中方院长由长沙理工大学委派，利方院长由利比里亚大学委任。学院创办初期，中文教师主要由长沙理工大学委派和招收的中国青年志愿者担任。后来，学院培养的利比里亚赴华学习中文专业的留学生达到孔子学院中文专业的教学水平和标准，孔子学院也招聘了一些符合标准的利比里亚回国留学生担任教师，实现了中文教师的部分本地化。

孔子学院依托利比里亚大学和长沙理工大学两所高校的深厚文化底蕴及学术传统，以传承传播中文及中国文化为根本，为当地人学习中文和中

[1] 中华人民共和国外交部. 利比里亚国家概况 [EB/OL].（2023-01）[2023-02-25]. https://www.mfa.gov.cn/web/gjhdq_676201/gj_676203/fz_677316/1206_677994/1206x0_677996/.

国文化提供服务，以增强当地的中文教育和学术标准，为中利教育合作与人文交流搭建起一个有效的平台。学院主要为利比里亚大学提供基础汉语教学，教学重点是汉语基础知识及中国文化入门，所设汉语课程于 2009 年被利比里亚大学纳入其学分系统。此外，学院还面向社会开设短期培训课程，包括不同程度的中文教学、旅游及商业汉语。2022—2023 学年第二学期，利比里亚大学孔子学院共开办了 13 个中文教学班，其中 6 个班为中文选修课程班，共招收 87 名学生；7 个班为中文学习证书和文凭班，招生96 人。

随着中国与利比里亚各领域合作的扩大，利比里亚希望学习中文的学生和各阶层民众越来越多。为满足更多利比里亚民众学习中文的需求，在中国驻利比里亚大使馆推动下，利比里亚孔子学院于 2016 年 4 月 9 日承办了在利比里亚国家广播电台播出的汉语教学专栏《空中汉语》节目，节目每期 45 分钟，标志着孔子学院走出校园，打破空间局限，将中文教学推向了利比里亚全国。

应蒙罗维亚的一些中小学要求，从 2017 年 4 月起，利比里亚大学孔子学院又分别在蒙罗维亚的王国遗产示范学校、西尔韦纳斯·约翰逊纪念学院小学与初中、沃德神圣中学、希望中国国际学校设立了 4 个中小学孔子课堂。共有 20 个班的 430 名学员参加孔子课堂的学习，每个班级每周各安排 3 次各 1 个学时的中文教学。截至 2022 年，利比里亚已有四所中小学将中文作为必修课，利比里亚大学也与孔子学院达成了尽快启动汉语语言本科专业建设的意向。

经过近 14 年的积极努力，利比里亚大学孔子学院为利比里亚培养了大批急需的汉语人才，不少人成为中国在利比里亚企业的管理人员和员工。与此同时，孔子学院加深了中国文化在利比里亚的亲和力和吸引力，增进了利比里亚人民对中国的理解和友谊。随着中利关系稳步发展，从学校到社区，从官员到商人，越来越多的利比里亚人希望通过学习中文和到中国留学学习科学技术和文化知识提高就业机会。

与此同时，利比里亚孔子学院在促进中利双方的文化教育交流与合作方面仍有不断改进的空间和可以开拓的领域。比如，可积极探讨利用长沙理工大学的理工科优势专业在利比里亚大学开办利比里亚经济发展急需的科学、技术、工程等专业教育，适当延长孔子学院院长和教师与志愿者在利比里亚的工作时间，派遣科研人员增进对利比里亚教育及其他行业的研究等。

四、职业技术培训合作

中国从自身的历史发展长河中总结出了"授人以鱼不如授人以渔"的深刻而又简朴的教育哲学思想。中国政府在与非洲国家开展合作时一直遵循这一理念，无论是政府援助和企业投资与承包项目，还是中非合作论坛和"一带一路"倡议，均将包括职业教育在内的人力资源开发作为与合作伙伴加强合作和助力非洲实现自力更生发展的一项重要内容。

（一）农业技术示范中心项目

为帮助利比里亚发展农业和培训农业技术人才，中国政府于 2005 年开启了援助利比里亚第一期农业技术合作项目。该合作项目派遣 5 名隆平高科的专家到利比里亚开办水稻种植技术强化培训班，向 15 个州的 30 名学员传授杂交水稻种植技术，把中国农业发展经验和先进生产技术带到当地，一遍遍地教农户们翻地、整厢、播种、移苗、打枝、施肥等。第二年，所播种的杂交水稻产量比当地品种高出三倍。出席杂交水稻收割仪式的时任总统瑟利夫将杂交水稻称为来自中国湖南的"魔稻"，当即决定将自己官邸前的花园改种杂交水稻。2007 年，中方又举办了援助利比里亚第二期杂交水稻种植技术强化培训班。

在此基础上，在中非合作论坛框架下，中国政府在利比里亚实施了援利比里亚农业技术示范中心项目。该中心位于邦州苏瓦可可市的利比里亚中央农业研究院对面，初始投资近 600 万美元，占地 32.6 公顷，具有试验研究、技术培训推广应用和农业可持续发展三大功能。2010 年 7 月建成移交给利比里亚农业部后，中国政府本着"扶上马，送一程"的原则，继续向示范中心提供农业机械设备、技术，并支持隆平高科派遣农业专家帮助中心开展农业技术研究、种植、养殖和培训工作。截至 2022 年，该中心已经在利比里亚推广杂交水稻和玉米种植面积上千公顷，为利比里亚培训农业科研人员上千人，不仅促进了利比里亚的农业科研和生产水平，而且使不少接受过培训的技术人员和农民成为种植与养殖能手，建立了自己的种植园和饲养场。[1]

（二）竹藤编技术合作项目

利比里亚拥有丰富的竹子和藤科植物，但却缺少利用这些自然财富的必要技术、人力资源和工具，因此许多农村和城镇居民缺少床、桌椅等基本生活家具。为帮助利比里亚充分利用其自然资源改善生活条件，增加就业机会，摆脱贫穷困扰，中国政府于 2007 年在 SKD 体育馆附近援建了竹藤编技术合作项目培训点。项目每期由利比里亚青年和体育部从孤儿和失业青年中招收约 60 名学员，专家组在向学员传授中国传统桌椅、沙发、吊床、书柜、编织制作技艺的同时，还结合当地文化和习俗研发具有当地特色的

---

[1] 中华人民共和国商务部网站. 中国援利比里亚农业技术示范中心项目交接仪式隆重举行 [EB/OL]. （2010-07-23）[2022-12-03]. http://lr.mofcom.gov.cn/aarticle/jmxw/201007/20100707038941.html.；农业农村部对外经济合作中心. 李志平副主任带领专家验收组圆满完成援利比里亚农业技术合作项目检查验收任务 [EB/OL].（2019-09-24）[2022-12-03]. http://www.fecc.agri.cn/fzyz/201909/t20190924_342447.html.

实用家具和文化工艺品。在培训竹藤编织技艺的同时，专家还开展蔬菜种植、家畜饲养、沼气池建设和水电维修等培训项目。为解决学员缺少交通费和食物的难题，项目组还向学员补贴一定的交通费和餐费，极大地激励了学员的学习积极性。为支持毕业学员创业，项目组还在学员毕业时向其赠送一套竹藤编织工具。

截至 2021 年第 6 期项目合作结束时，该项目已培养了 900 余名利比里亚编织能手和蔬菜种植与生猪饲养能手，大约 10% 的学员在利比里亚全国各地开办了自己的竹藤加工作坊或农场。在利比里亚青年和体育部要求下，项目又在青年和体育部位于伯米州的克雷地区开设了第二个培训点，并成功将柑橘引种到该地。

该项目已成为援助利比里亚职业技术培训的成功典范，不仅开发了当地资源，帮助大量青年实现就业和脱贫致富，所生产的价廉物美竹藤产品也深受利比里亚消费者欢迎。利比里亚前总统瑟利夫、前副总统博阿凯、副总统泰勒、各部官员和联合国、世界银行与西共体等国际与地区组织驻利比里亚代表以及多国驻利比里亚使节等多次参观培训中心，对项目给予充分肯定。2017 年，利比里亚政府授予该项目组利比里亚"先进森林英雄"称号。[1]

（三）医疗卫生援助项目下的职业培训

两国政府于 2005 年 9 月 8 日签署《中国政府援助利比里亚医疗队议定书》。中国政府将向利比里亚首都最大的国立医院派驻内科、普外科等 9 名

[1] 驻利比里亚共和国大使馆经济商务处. 民心相通故事集（十二） 利比里亚竹藤"编"出致富梦 [EB/OL]. （2022-09-28）[2022-12-03]. http://lr.mofcom.gov.cn/article/jmxw/202209/20220903352445.shtml.；郭骏. 以中国竹藤编技艺"授"利比里亚青年"以渔" [EB/OL]. （2018-08-28）[2022-09-28]. https://baijiahao.baidu.com/s?id=1610022545277758365&wfr=spider&for=pc.

医务人员。医疗队除利用自己的专业特长服务当地人民外，还承担了培训利比里亚医护人员的任务。[1]

2014 年西非暴发埃博拉疫情后，中国政府先后向包括利比里亚在内的有关国家紧急提供四轮抗疫物资、粮食、现汇等人道主义援助，派出公共卫生专家培训当地医务人员，在利比里亚援建了埃博拉治疗中心，并派遣数百名医护人员参与中心的管理和运营。[2] 2015 年 5 月，世界卫生组织宣布利比里亚埃博拉疫情结束，中方向利比里亚移交治疗中心，并出资安排 20 位利比里亚医护人员到中国接受医院管理和临床设备应用技术培训。

（四）工程承包与投资项目下的教育援助

2003 年内战结束后，为帮助利比里亚恢复和重建，国际机构和双边援助国通过无偿援助和优惠贷款等帮助利比里亚修复和新建了一批公路、港口、供水、供电等基础设施。无论是中国工程承包公司，还是投资公司均雇用了大量利比里亚失业青年并对他们进行在职培训，使他们获得一技之长，不少人成长为工程技术人员和机械驾驶员等。中国承包和投资公司还通过帮助公司驻地、工程项目所在地和工程经过地区的学校维修校舍、修复修建道路和供水设施，向员工提供奖学金和向学校提供食品与学习用具等方式积极回馈当地社会。

不难看出，中国与利比里亚的教育交流与合作虽然起步较晚，而且受到利比里亚政局变动的干扰，但双方的交流与合作仍然呈现逐渐扩大和深化之势，从最初向利比里亚提供留学生奖学金，到帮助利比里亚建设教育基础设施和提供职业技术培训，特别是通过合建孔子学院，初步实现了中

[1] 中华人民共和国外交部网站.《中国政府援助利比里亚医疗队议定书》8 日签署 [EB/OL].（2005-09-09）[2022-12-05]. http://www.gov.cn/zwjw/2005-09/09/content_30684.htm.

[2] 姜恒，张远军. 无私援助的见证——中国援建利比里亚埃博拉诊疗中心印象 [EB/OL].（2014-12-03）[2022-12-05]. http://www.gov.cn/govweb/xinwen/2014-12/03/content_2786139.htm.

国文化教育走进利比里亚的第一步。与此同时，受利比里亚教育资源有限的限制，中利两国的教育交流与合作也呈现出主要由中方向利比里亚提供教育援助和奖学金，双方真正意义上的交流较少的不平衡现象，以及双方大中小学、研究机构和民间组织参与的积极性有待激发，交流与合作潜力仍有待挖掘等问题。

结　语

　　利比里亚在非洲有其独特的历史地位和发展历程，也是"一带一路"参与国家之一。与沿线国家加强教育合作，既是共建"一带一路"的重要组成部分，又为共建"一带一路"提供人才支撑。纵观利比里亚的教育发展现状，有如下特点。

　　首先，美国对利比里亚全面深入的影响在教育方面得到了集中体现。虽然从名义上看，自 1847 年 7 月 26 日独立起，利比里亚已经不再是美国的殖民地，但实际上利比里亚在教育方面受美国影响的程度甚至比许多曾经被殖民的国家受其宗主国的影响更加深远。利比里亚的教育管理体制、教育理念、多元办学主体模式、中高层教育管理人才和大量教师、教育基础设施等要么学习模仿美国，要么部分由美国出资援建，要么接受过美国的教育和培训。许多曾遭受殖民统治国家的各阶层人士对宗主国继续干涉本国内政十分反感，但利比里亚各阶层不仅对美国介入利比里亚内部事务不以为意，反而经常主动要求美国介入。许多因各种诉求举行集会游行或示威活动的利比里亚团体都会到美国驻利比里亚使馆请愿，向使馆递交请愿书，要求美国政府或驻利比里亚使馆帮他们解决遇到的各种困难和问题。

　　其次，经济基础与作为上层建筑重要领域的教育发展相辅相成的关系在利比里亚表现非常明显。利比里亚经济发展较快的阶段是 1944 年杜伯曼政府推行民族融合和开放政策、吸引外国投资发展经济的时期。在其领导下，利比里亚的国内生产总值从 20 世纪 50 年代的不到 3 600 万美元增长到

1969 年的近 4 亿美元。到 1971 年杜伯曼去世时，利比里亚已经成为令非洲多数国家羡慕的"小康之国"。为通过发展教育进一步促进经济发展，杜伯曼政府利用经济飞速发展积累的财富，不仅开展扫盲运动，推进职业教育，恢复被关闭的卡廷顿学院，将利比里亚学院改组为利比里亚大学，颁布了第一部关于教育的法律——1956 年教育法，建立了教育部；而且还创办了卡卡塔、佐尔佐尔和威博农村教师师范学院、医学院，正式确立了包括公立学校、教会学校和私立学校组成的多元化教育体系，扩大美式教育体系对土著民族的覆盖面，使利比里亚的教育事业取得显著进步。教育事业的进步为利比里亚培养了大批从事经济建设的人才，又反过来促进了经济的发展，使利比里亚的文化教育一度成为非洲国家羡慕的典范。

再次，政治动荡和内战对利比里亚教育的破坏影响深远。政局动荡和内战不仅使教育基础设施受到严重破坏，大量学校被迫关闭，而且导致大量教育人才流失，一代人失去接受教育的机会，使利比里亚上百年的教育发展成果付之东流。最为严重的是，失去教育的一代人不仅成为直接受害者，而且对他们的后代的教育都产生了严重的负面影响。这也是利比里亚经济社会发展水平从小康跌落到失败国家和虽然获得国际社会大量援助与支持却仍然是世界发展水平排名极其靠后的国家的重要原因之一。

最后，中国的国际交流与合作应持续加大走出去和引进来的力度。随着知识经济时代的深入发展，国际教育交流与合作在国际交往中所能发挥的作用越来越大。《中华人民共和国教育法》第八章相关条款规定，国家鼓励开展教育对外交流与合作，支持学校及其他教育机构引进优质教育资源，依法开展中外合作办学，发展国际教育服务，培养国际化人才。

笔者先后工作过的国家既包括高收入国家美国，中等偏上收入国家马来西亚，也包括中等偏下收入国家坦桑尼亚和低收入国家利比里亚，基本涵盖了世界银行按人均收入划分的四种国民收入形态。总体看，随着中国教育事业的快速发展，中国与上述国家的教育交流与合作均呈现持续扩大的态势，但在教育走出去和引进来方面仍存在一些短板。这主要表现在中国在合资办学方面引进的外国学校多，走出去办学的学校少；中国出国留学生多由政府或个人支付学费，招收来华留学生多由政府和大学支付学费；绝大多数孔子学院的活动局限于汉语教学和举办文化活动等方面。

美国大中小学每年仅靠招收留学生就能获得500多亿美元的学费收入、几十万就业机会和大量人才资源，而作为世界第二大经济体和科技教育强国的中国与之相比仍有不小差距。实际上，随着中国科学技术和教育水平的持续提高，中国的一些科技、工程领域等已经赶上和超过美国的水平，中国教育对世界的吸引力也越来越大，已经具备了缩小与美国等发达国家在国际教育交流与合作方面差距的条件，应学习借鉴发达国家将国际教育交流与合作作为知识经济和服务产业大力培育的经验，鼓励国内拥有较强实力的大中小学走出去办学和扩大招收与聘请外国自费大中小学学生、教师和学者来华留学、授课、研修和交流，并将孔子学院的汉语教学扩大到中国具有比较优势的农业、工程、电力、通信等领域，既增强与世界各国的教育和文化交流互鉴，吸引世界各国的优秀人才，促进中国教育和知识经济的发展，又帮助发展中国家培养专业人才，为我们的科学技术和标准走出去服务。

从笔者驻外工作期间了解的情况看，招收更多自费留学生到中国留学和扩大孔子学院的办学范围均会受到友好国家和许多希望到中国留学的学子的欢迎。笔者常驻马来西亚期间结识的一位华人企业家虽然完全可以把孩子送到英国的贵族学校学习，但仍坚持把其长子送到中国来读大学。理由是他们家族的根在亚洲，中国和亚洲国家的发展前景持续看好，孩子将来肯定要与中国人做生意，送孩子到中国学习了解中国文化、结交更多同学朋友可以让他为发展壮大家族生意做好准备。利比里亚维阿政府的一位部长也告诉我，他有两个孩子，一个孩子已被送到美国学习，另一个孩子将被送到中国学习，因为中美两国是世界上经济和科技实力最强的国家，孩子到两国学习不仅能够学到先进的科学文化知识,而且将为未来与两国开展相关合作预做准备。

在担任中国驻古晋总领事时,笔者发现,马来西亚的沙捞越州虽然拥有丰富的水利资源,但却缺少培养水利工程技术人员的大专院校,因而为其牵线搭桥,请华北水利水电大学与沙捞越科技大学合建孔子学院,很荣幸地促成双方建成了世界上第一所以水利水电为特色的孔子学院。该院采取沙捞越科技大学、华北水利水电大学、大型国际水电企业等多方合作模式,充分发挥两所高校的人才、学科和中国水电企业在水利工程建设方面的技术和资源优势,为推广中国语言文化、培养马来西亚水利水电工程技术人员和中国水电企业在当地发展做出了积极贡献。

实际上,除以上领域外,在职业教育、产学研用合作和充分利用我国大学和科研院所的优势学习借鉴非盟建设泛非大学的经验和方式,与发展中国家知名大学合建相关大学和学院等均存在合作潜力,需要政府、学校、企业、文化教育团体和有志于国际教育交流与合作的专家学者携手合作,共同探索和开拓。

参考文献

一、中文文献

《中国大百科全书》总编委会. 中国大百科全书[M]. 2 版. 北京：大百科全书出版社，2009.

阿尔特巴赫. 非洲高等教育：国际参考手册[M]. 郑崧，王琳璞，张屹等，译. 杭州：浙江大学出版社，2014.

艾周昌. 非洲黑人文明[M]. 北京：中国社会科学出版社，1999.

奥鲁库举. 利比里亚的风俗与文化[M]. 柴玲，译. 北京：民主与建设出版社，2018.

崔璨. 马达加斯加文化教育研究[M]. 北京：外语教学与研究出版社，2022.

丹琳. 非洲大事表[M]. 北京：知识出版社，1986.

非洲教育概况编写组. 非洲教育概况[M]. 北京：中国旅游出版社，1997.

费奇. 西非简史[M]. 上海：上海人民出版社，1977.

冯增俊，陈时见，项贤明. 当代比较教育学[M]. 2 版. 北京：人民教育出版社，2015.

顾明远. 顾明远教育演讲录[M]. 北京：人民教育出版社，2014.

顾晓燕，游滔. 加蓬文化教育研究[M]. 北京：外语教学与研究出版社，2022.

贺国庆，朱文富，等．外国职业教育通史[M]．北京：人民教育出版社，2014.

胡红章．蓝色贝雷帽——利比里亚维和日记[M]．长沙：湖南人民出版社，2013.

黄贤金，甄峰，姜忠尽．现代非洲人文地理[M]．南京：南京大学出版社，2014.

霍多什．利比里亚史纲[M]．上海：上海人民出版社，1972.

克莱因．20世纪非洲文学[M]．李永彩，译．北京：北京语言学院出版社，1991.

李洪峰，崔璨．塞内加尔文化教育研究[M]．北京：外语教学与研究出版社，2021.

李佳宇，万秀兰．肯尼亚文化教育研究[M]．北京：外语教学与研究出版社，2022.

李文刚．利比里亚[M]．北京：社会科学文献出版社，2006.

刘鸿武，黄海波．中国对外援助与国际责任的战略研究[M]．北京：中国社会科学出版社，2013.

刘捷．教育的追问与求索[M]．北京：人民出版社，2021.

刘捷．专业化：挑战21世纪的教师[M]．北京：教育科学出版社，2002.

刘进，张志强，孔繁盛．"一带一路"高等教育研究（2019）：国际化展望[M]．北京：北京理工大学出版社，2020.

卢晓中．比较教育学[M]．北京：人民教育出版社，2020.

陆庭恩，艾周昌．非洲史教程[M]．上海：华东师范大学出版社，1990.

陆庭恩，宁骚，赵淑慧．非洲的过去与现在[M]．北京：北京师范学院出版社，1989.

陆庭恩．非洲与帝国主义（1914—1939年）[M]．北京：北京大学出版社，1987.

秦惠民，王名扬．高等教育与家庭流动[M]．北京：科学出版社，2019.

秦惠民．教育法治与大学治理[M]．北京：人民出版社，2021.

石筠弢. 学前教育课程论[M]. 2 版. 北京：北京师范大学出版社，2014.

孙有中. 跨文化研究论丛[M]. 北京：外语教学与研究出版社，2019.

滕大春. 教育史研究与教育规律探索[M]. 北京：人民教育出版社，2019.

王承绪，顾明远. 比较教育[M]. 5 版. 北京：人民教育出版社，2015.

王定华，秦惠民. 北外教育评论：第 2 辑[M]. 北京：外语教学与研究出版社，2021.

王定华，杨丹. 人类命运的回响——中国共产党外语教育 100 年[M]. 北京：外语教学与研究出版社，2021.

王定华. 教育路上行与思[M]. 北京：人民出版社，2020.

王定华. 美国高等教育：观察与研究[M]. 2 版. 北京：人民教育出版社，2021.

王定华. 新时代高品质学校建设方略[M]. 长春：东北师范大学出版社，2019.

王定华. 中国基础教育：观察与研究[M]. 北京：人民教育出版社，2021.

王定华. 中国教师教育：观察与研究[M]. 北京：人民教育出版社，2020.

王吉会，车迪. 刚果（布）文化教育研究[M]. 北京：外语教学与研究出版社，2021.

王晶，刘冰洁. 摩洛哥文化教育研究[M]. 北京：外语教学与研究出版社，2021.

吴旻雁，黄超. 埃及文化教育研究[M]. 北京：外语教学与研究出版社，2022.

吴式颖，李明德. 外国教育史教程[M]. 3 版. 北京：人民教育出版社，2015.

习近平. 论坚持推动构建人类命运共同体[M]. 北京：中央文献出版社，2018.

习近平. 习近平谈"一带一路"[M]. 北京：中央文献出版社，2018.

谢维和. 我的教育觉悟[M]. 北京：人民教育出版社，2016.

星球地图出版社. 世界分国地理图·利比里亚 科特迪瓦 [Z]. 北京：星球地图出版社，2020.

徐倩，李慧芳. 坦桑尼亚文化教育研究[M]. 北京：外语教学与研究出版社，2022.

杨汉清．比较教育学[M]．3版．北京：人民教育出版社，2015.

苑大勇．国际高等教育协同创新与人才培养比较研究[M]．北京：知识产权出版社，2020.

张方方，李丛．安哥拉文化教育研究[M]．北京：外语教学与研究出版社，2021.

张笑一，CHANG E．埃塞俄比亚文化教育研究[M]．北京：外语教学与研究出版社，2022.

朱睿智，杨傲然．莫桑比克文化教育研究[M]．北京：外语教学与研究出版社，2021.

二、外文文献

BOLEY N A. Liberia in need of education[M]. Pittsburgh: Dorrance Publishing Company Inc., 2022.

JOHNSON-SIRLEAF E. This child will be great: memoir of a remarkable life by Africa's first woman president[M]. New York: Harper Perennial, 2010.

KULO M. George Weah taking on 170-year challenges of Liberia[M]. Conneaut Lake: Page Publishing Inc., 2018.

Ministry of Education of Liberia. Education sector plan 2022/23—2026/27[M]. Monrovia: Ministry of Education of Liberia, 2022.

Ministry of Education of Liberia. Getting to best education sector plan 2017—2021[M]. Monrovia: Ministry of Education of Liberia, 2016.

Ministry of Education of Liberia. The education sector plan of Liberia—a commitment to making a difference 2010—2020[M]. Monrovia: Ministry of Education of Liberia, 2010.

MONGRUE J N. Liberia: America's footprint in Africa: making the cultural, social, and political connections[M]. Bloomington: iUniverse, Incorporate, 2011.

OLONISAKIN F, MACKINLAY F, ALAO A. Peacekeepers, politicians, and warlords: the Liberian peace process[M]. New York: United Nations University Press, 1999.

SCULLY P. Ellen Johnson Sirleaf[M]. Columbus: Ohio University Press, 2016.

SHWRMAN F. Liberia: the land, its people, history and culture[M]. Dar es Salaam: New Africa Press, 2011.

STOCHWELL G S. The Republic of Liberia: its geography, climate, soil and productions–with a history of its early settlement[M]. Norderstedt of Schleswig-Holstein: Hansebooks, 2016.

WONKERYOR E L. Liberia military dictatorship: a fiasco "revolution"[M]. Rhode Island: Kiiton Press, 1985.